泰阿泰德
智术之师

〔古希腊〕柏拉图 著

严群 译

商务印书馆
创于1897 The Commercial Press

Πλάτων
ΘΕΑΙΤΗΟΣ ΣΟΦΙΣΤΗΣ

本书根据娄卜丛书(Loeb Classical Library)《柏拉图集》的希腊原文,并参校其对照之英译(译者为 H. N. Fowler),以及补翁丛书(Bohn's Library)之《柏拉图集》(译者为 G. Burges)、周厄提(B. Jowett)之《柏拉图对话》、康复尔德(J. M. Cornford)之《柏拉图的知识论》(*Plato's Theory of Knowledge—The Theaetetus and the Sophist of Plato translated with running commentary*)等英译本译出。

译者序

此册是柏拉图晚期的两篇重要对话录——《泰阿泰德》和《智术之师》——的译本。译文根据娄卜经典丛书（Loeb Classical Library）《柏拉图集》的希腊原文，并参校其对照之英译（译者为 H. N. Fowler），以及补翁丛书（Bohn's Library）之《柏拉图集》（译者为 G. Burges）、周厄提（B. Jowett）之《柏拉图对话》、康复尔德（J. M. Cornford）之《柏拉图的知识论》（*Plato's Theory of Knowledge—The Theaetetus and the Sophist of Plato translated with running conmentary*）等英文译本。遇原文晦涩模棱处，多参考康氏的注解为译。

本文头绪纷繁，乍读难于料简；周厄提英译前之"分析"，简约扼要，兹转译以作"提要"。读者先看提要，对本文内容得其系统的轮廓，再读本文，可收事半功倍之效。

译文附注包括以下数端：（一）拙译异于所校各家译本处、及各家译本互异处，择其有关系者指出。（二）篇中所引历史人物，疏其生平事迹，举其学说流派。（三）所引神话故事，叙其源委，明其寓意。（四）所引前人言语辞句，标其出处。（五）篇中极费解处，以己意或兼采康氏之说，加以解释。

篇中人名地名，悉依希腊原字翻音，并结合汉字四声，以求准确。原字之以嘶声的辅音字母结尾者，以"士"字翻人名，以"斯"者翻地名,聊示区别。若干人名地名的译法不合上述标准,因从出版者之意而更改,以与已见于出版界者相符。如替爱台托士、提坞多洛士、塔类士、普楼塔箇拉士、海辣克佺托士、潘门匿底士、候梅洛士、(以上人名)尔令尼温、苦类尼、(以上地名)等,权且改为泰阿泰德、德奥多罗、泰勒斯、普罗塔哥拉、赫拉克利特、巴门尼德、荷马、(以上人名)埃令尼安、居勒尼、(以上地名)等。然而一般出版界对于希腊人名地名,率从现代欧洲字翻音;溯其源流,则由希腊字一转而为拉丁字,二转而为现代欧洲字,再翻为汉字,其音难免去希腊字原音颇远。鄙意以为,学术界将来编纂标准译名辞典以求译名统一,凡希腊人名地名,宜依希腊原字翻音,结合汉字四声以期准确;其已见于出版界者,自宜重行厘订。此节似于译事无关宏旨,然学问之道,无论巨细,总以求真求确为贵,不容丝毫苟且因循。一隙之见,尚待与海内方家共商讨之。

　　此译脱稿,《智术之师》在先,而《泰阿泰德》在后。《泰阿泰德》凡再易稿、四改正、三润色,字字衡量而出。颇顾中西文之不同的习惯。例如,西文多以固定的人称(personal)为句主(如"我""你""他""我们""你们""他们"),其义实同于不固定的人称(impersonal);遇此等处,译文若依原文习惯,则与中文习惯不侔,伤洁而或滋误解,故用泛指之法为译。原文有字句简单而能尽意者,译成中文却须较为繁复;原文亦有字句繁复者,于中文只须简单而意已达。凡此等处,斟酌原文与中文之不同的需要而为译。中文与希腊文造句之法迥异,译文不能逐字逐句紧依原文次序,其义却无挂漏,一一交代清楚。《泰阿泰德》颇饶文学意味,译文亦重修辞,冀与原文风格相称。

　　《智术之师》,于译者高血压症方剧时脱稿。虽再四勘校原文修订,俾于意义无讹无漏,而当时精力不逮,未免机械地忠实于原文字句,或贻译文不畅、晦涩费解之讥;且文字欠精炼,亦有稍带"西文气"之处。以此问世,殊感歉然;犹冀他日重加订正润色,续与读者见面,以补前愆。

　　尚有柏氏的《费雷泊士》(Φίληβos)对话录一稿,正在修改润色中;盼贱恙渐差,得以早日奉质读者。平生素抱尽译柏氏全书之志,假我十年、容以时日,庶几有以成斯举。

目　　录

泰阿泰德

《泰阿泰德》提要

本篇首叙特尔卜细翁从乡间来到麦加拉城,在市场上寻尤克累底士不见;尤克累底士说明自己方才到港口去,途中遇着泰阿泰德从军营抬到雅典。泰阿泰德一息仅存,于哥林多之役既受重伤,复染军中流行的痢疾。此情况说明后,引起对方痛惜之感。尤氏答曰:"诚然,即刻我还听说他在此役中的壮烈行为。""那是我能意料到的;他为何不在麦加拉停下?""我本要他停下,他不肯;我便送他直到埃令尼安。分手时,想起苏格拉底逝世前不久曾与童年的此君一面,有一段值得流传的谈话。当时苏氏预言,此人天假之年,必成伟大人物。""果然果然,尽如苏氏之所期许! 你能否重述此段谈话?""不能凭记忆重述。我得之于苏格拉底,归来提笔记其大略,随后得暇补充;每到雅典,并请苏氏陆续修正。"特尔卜细翁曾闻尤克累底士有此一篇记录文字,久想索观;二人俱已疲乏,同意休息并呼僮代为宣读。"特尔卜细翁,记录本子在此。我只要声明:为行文方便,凡苏氏追述时所搀入交代的字样,如'我说''他说',等等,一概省去;与苏氏谈话者,有泰阿泰德及居勒尼几何学家德奥多罗。"

苏格拉底先问德奥多罗,雅典之行,可曾遇见此城少年将来于学问一途或能出人头地者。"苏格拉底,有一个我所认识的出类拔

144　萃的少年。他并不美，你无须疑我对他有所眷恋；说实话，他极像
　　你，——扁鼻露睛，只是不如你之甚。他兼备种种品质：敏、毅、勇、
　　温良而明智，恒潜迈默进，如油之无声无浪地流。瞧！走进角力场
　　的中间一个就是他。"

　　　　苏格拉底不知此少年的名字，却识得他是良善而多财的幼弗
　　浪尼沃士之子。德奥多罗告诉苏格拉底，此少年名泰阿泰德，伊父
　　遗产荡尽于托孤者之手，而他的慷慨之姿仍与其余品质媲美。如
　　苏氏之愿，德氏邀泰阿泰德入座。

　　　　苏格拉底说道："对了，泰阿泰德，我正好在你脸上照见自己的
　　丑状，——德奥多罗说你我容貌相似。他这方面的话还是无关紧
145　要；他虽是哲学家，并非画工，对你我的面貌未必能作裁判人。然而
　　他是学者，能判别我们的智能。他若赞许你我之一的资质，闻其言
　　者必须咀嚼玩味，受赞许者不可拒绝考验以资印证。"泰阿泰德应允
　　受考验，便入圈套中。"然则，泰阿泰德，你必须受考验，因我向未曾
　　闻德奥多罗称许他人如称许你。""他是开玩笑。""不，这不是他的作
　　风。我不让你以他开玩笑为辞而收回你的诺言，否则便请德奥多罗
　　重说一遍称道你的话并以誓自明。"泰阿泰德答称愿受考验，苏格拉
　　底先问他向德氏所学何物。苏氏表示切盼向任何人学任何物，此刻
　　有小问题，要向泰氏或德氏或座中之"当驴"①者，求得答案。破题
146　的话止此，苏氏声称迫切求解其问题，便问"知识为何？"德氏过于
　　老迈，不能解答问题，求苏氏向泰阿泰德提出，因其有少年的长处。

　　　　泰阿泰德答复，知识是他向德氏所学的几何算术，还有他种知

————————————

　　①　"当驴"者谓蠢汉。

识,如鞋艺木工之类。苏格拉底指出此答案包含太多又太少,虽历举若干类知识,却未曾说明其共同性质;譬如问泥是什么,不说泥是拌水的土,却举塑工的泥、陶人的泥、炉灶夫的泥为答。泰氏立解苏氏之意在于会通一切知识而概括之,如自己在算术上所已学而能之者。他曾发现,数可分两类:其一为方数,如四、九、十六、等等,由同因数构成的,并表示等边形;其二为长方形数,如三、五、六、七、等等,由不同因数构成的,并表示不等边形。然而他对知识问题,虽屡次如法炮制,却总是无成。苏氏对泰氏说明他在分娩,男女都有分娩的苦痛,时常需要产婆协助。秘而不宣,苏氏本人便是产婆,嗣其精明强干的母氏之术;然而不接女人的胎,接引男子的思想。如已过生育时期的产婆,他不能有子息,因神不许他于世有自己的贡献。苏氏还提醒泰氏:产婆是,或者应是、唯有的媒婆,因收成者最能明了何苗蕃植于何土。可是端谨可敬的产婆避免作伐,因其不愿被蜚语呼为鸨母。男女之孕尚有其他区别:女人不会时生真子、时生与真子难辨的幻胎。苏氏以男产婆的资格说道:"我所伺应的产妇,其初鲁钝而无出息,随后倘邀神眷,开悟竟是一日千里。如此进境,我无以致之,乃彼辈所自致;我与神不过协助他们把自己的怀抱托出。彼辈中,不少人离我过早以致流产,或由我接生后,婴儿因抚养不良而致夭折;最后自知其愚,他人亦见其愚。其中之一是吕信麻恪士之子阿历士太底士,还有他人。他们往往回头求我再收留,降临我心的神或我许或不我许,其许我再收留者复得长进。就我亦有无胎不需吾术者,我则为之作伐,使其委身得人,如普洛迪恪士或其他智慧如神的大师。我与你细说这段故事,因我疑你在分娩中。我嗣守吾母之业为产婆,请就我,我将为你接生。倘把你的头胎爱子取而弃之,莫咬牙切齿相向,如妇人所为;我对你的举动出于好意,寓于我心的神虽不许我匿伪饰真,却亦与世人为友。泰阿泰德,我重提'知识为何'的旧问,你鼓起勇气,借神之灵,会得一答案。""知识是知觉,这是我的答案。""普罗塔哥拉的理论如此,此公说'个人是一切事物的权衡',便是异辞同义。他是无上智者,我们必须求解其义。设譬以明其义:同一阵风吹我们脸上,你或感其热,我或觉其寒;这是为何? 他要答复,此风对皮肤寒者是热的,对皮肤热者是寒的。'是'即'显得','于某人显得'即'某人觉得'。如此,感觉知觉与物之显现并等于存在。然而我怀疑,他作此戏论以欺庸众如你我之流,却将其'真理'[暗刺其著书颜曰《真理》]密授其徒。诚然,他崇奉著名的万物相对之说。此说主张:物无大小重轻,并亦非一;一切俱在动中,混合、转移、流迁、成毁;我们盲然谓物为在,其实唯动而已。此说不但是普罗氏之教,恩培多克勒、赫拉克利特以及其他哲学家,乃至所有作家,以喜剧之王伊辟哈儿莫士与悲剧之王荷马为首,异口同声主张此说,唯巴门尼德除外的所有哲学家皆持此说;荷马有句云:'欧概安诺士乃诸神之所自出,太徐士为诸神之母'。他们还用许多论点说明:动是生之源,静是死之本;火与热发于摩荡,生物之由来亦复如此。体格保于勤劳,毁于懈逸;太阳之动息,洪荒之境复。兹以唯动之说施于感官,首及视官:白或他色并非块然存于目之内或目之外,乃恒动不息于目与所视之物之间,对个个感觉者而变。一切相对:普罗氏之徒指出,否认这一点,无穷的矛盾接踵而至。譬如有六个骰子在此,多于四个、少于十二个;是否说'亦多亦少'?"

"是。""然而普罗氏会反问:'物无增减,能多能少吗?'"

"不怕与前一答案矛盾,我就答复不能。"

"你若说能,将如欧力皮底士所谓口服心不服。""诚然。""正途出身自命无所不知的职业智者,对此问题,将严阵以待、御人以口给;然而你我既无彼辈之术业上的尊严,只要求知自己的思想是否明晰一贯。我们说:(一)物依然如故,不能有所消长;(二)物无所增减,不能变多变少;(三)昔无而今有,舍变莫能使之然;——如此云云应不至于谬误。问题在于:如此云云与骰子之喻及其类似的例子如何调和?""我时常惑于此等难题,愕然无以释其疑。""因你是哲学家,而哲学始于疑愕,伊里士是陶马士之女。你知道普罗氏之教之所本?""不知道。""我要告诉你,可莫让非同志窃听;所谓非同志者,坚持一偏之见,凡非双手可执之物俱不置信。另一宗门师兄弟的秘密教义却巧妙得多,我也要向你揭穿。他们主张:一切唯动;动有施与受两型,由此而致无穷的现象;现象也有两型:感觉及其对象,二者相缘而起。动有二类,一迟一速。施者与受者之动较迟,因其在自己界内或接境而动并其果;作为此种动所致之果的物,其动较速,迅然疾然转移方所。目与其适应的对象相接,而起白及白的感觉。于是乎,目含见,非但成视力,成见物之目;对象也含白,非但成白,成白的物。目及其适应之物各别与他物遇合,不能致同样的果。所有感觉都要分解为施者与受者之类似乎此的遇合。施者受者分离,单方不能成为概念的对象;而且施者能变成受者,受者能变成施者。由此而起一种流行的想法,以为:无物存在,一切唯变;物无的名,不拘于名。泰阿泰德,此等悬想顾不妙哉,于年少好奇喜异之徒如足下者岂不称心?我本人一无所知,且将他人智慧之各种标本贡献于你,但愿抛他人之砖而引足下之玉。请告诉我,对于'万物毕变'之理,足下于意云何?"

　　"听你的论点,我不禁要同意。"

158　　"然而不应相瞒,有严重的事实足以非难普罗氏之教:例如,在疯狂状态与梦寐境界中,知觉是虚幻的;人寿之半耗于梦寐;谁能断言我们此刻不在做梦? 甚至疯人在幻想时,其幻想即亦是真。知识若是知觉,在此种事实上如何辨别真假? 非难的问题既已提

159　出,我要代为作答:普罗氏将否认现象的连续性;他要说,异物完全相异,不论为施为受,其作用皆异。世上有无穷的施者与受者,双方在各种遇合中产生各异的知觉。以我为例,苏格拉底或患病或无恙(指整个患病或整个无恙的苏格拉底);同此酒,我无恙时于我

160　可口,我患病时于我不可口。我不能得同此可口不可口的印象于他物,他人亦不能得与我相同之可口不可口的印象于酒。我与感觉对象,单方不能独自变成双方共同变成的状态。变的一方与另一方在关系中相对,双方别无其他关系能使一方起同样的变;双方每次的遇合都是独一无二的。[按现代说法,感觉虽能在思想中析为感觉者与感觉对象,实际上是不可分解的。]唯有我的感觉真实,而且仅对于我真实。所以,如普罗氏所云:'对我本人,我是存在与不存在之物的判断者。'于是乎,荷马与赫拉克利特所谓流迁、伟大的普罗塔哥拉所云'个人是万物的权衡'、泰阿泰德的'知识是知觉'之说,辞虽异而义实同。这是以吾术所接引的你的新生之子;

161　倘将此子弃而不养,切莫怒不可遏。"

　　德奥多罗说道:"泰阿泰德不至于怒,他的性情很温和。然而,苏格拉底,我想知道,你是否以此派之说为妄诞无稽?"

　　"首先提醒你,我并非智囊饱装论点,只是探而取之泰阿泰德胸中;要不要告诉你,我对令友普罗塔哥拉所感疑讶者何在?"

"疑讶什么？"

"吾固喜其显现即存在之说；只是怀疑着，他为何不在论真理的大著中，开宗明义说一只猪、一个狗头猿或任何有感觉的怪兽是一切事物的权衡；如其然，我们仰之如神，他尽可诡称己智无以胜于蝌蚪，以哗世骇俗。倘凡感觉恒真、人智莫相上下、个个自作判断、所断无不真切，复何需乎普罗氏巍巍皋比之上而为之师？人人既是一切事物的权衡，何以见得吾辈知鲜于彼而须踵门求教？他的'真理'果为真理，出于其书的谶语倘非聊以自娱，则我的接生术与全部辩证术并成无谓之极。"

德奥多罗以为苏格拉底对他的尊师普罗氏批评太过，自己衰迈已甚，无能为师门兴卫道之师、与苏氏一决雌雄，缘挽泰阿泰德代为披坚执锐；氏固已耸于苏氏的论点、弃其所素执之见。 162

于是苏格拉底慨然为普罗氏辩护，以他本人的语气发言，说道："良善的诸君，你们安坐高谈阔论：谈神，则我所弗辨其有无；论人，则贬之于禽兽之列。试问君等所云有何证据？你和德奥多罗实在不如考虑一番，或然性是否万全的指南。德氏所贡于世若无 163 以过此，将成下乘的几何学家。"泰阿泰德被他援引几何所动，苏氏因此以新方式提出问题如次："我们是否可说，知其所见所闻，所见如外国文之字母，所闻如外国人之语音？"

"我们可说，知其字母之形状及其语音之高低，却不晓其意义。"

"妙极；我盼望你能长进，此答案姑且存而不究，兹另提一问题：见岂不是知觉？""诚然是的。""见之即知之？""对。""忆者忆其所见并所知？""诚然。""闭目能忆否？""能忆。""然则或忆而不见；164 见若是知，则可能忆而不知。于是乎，知识为感官知觉的假定岂不归于妄诞？或是我们过早自鸣得意；此故事之父——普罗氏——
若犹在世，结果可能大异乎此。然而此公已故，所留的托孤者德奥
多罗，对他的孤子，并不热心维护。"

165　　　德氏声明，卡利亚士是普罗氏的真正托孤者，但愿苏氏救护，
其孤儿。苏氏重述攻击者之论点，以作救护的张本。他问能否同
时亦知亦不知。"不可能。""很可能，如果主张见即是知。不屈不
挠的反对者，变本加厉，行以继言，掩你的一目，洋洋然说道：'汝今
亦见亦不见，请问是否亦知亦不知？'明攻的旧敌如此，暗袭的新敌
复将寻常用于视觉上的字眼、转移到知识问题，问你'能否近知而
远不知、知识其有亦锐亦钝者乎？'你方惊讶其智无比，俄顷间已入
其彀中，非至认定赎款之数，不可得而解脱。"

166　　　普罗氏尚未申辩，先倨然声明不负童子之言责，童子不能预料
后果，答话乃贻口实、使苏氏以彼为谈笑之资。他说："答案不出于
我口，吾不任其咎。我向不主张感觉之记忆同于感觉，亦不否认可
能同时亦知亦不知同一物。你若要求极其准确的言语，我就说，在
种种不同的关系下，任何个人成为多个或无数个。请你证明，个人
知觉非特殊的，或者特殊而所显现于个人者不仅对于彼为存在。
你提猪与狗头猿，你自己是猪，以我的著作与猪作游戏。我仍然肯
定个人是一切事物的权衡，却承认一人可能千百倍较胜于他人，较
胜与所得印象之较优为比例。我亦不否认智慧与智者之存在；然
而主张，智慧是实用的药剂，能转恶为善、变疾病之苦为健康之甘，
智慧并非较广真理或较高知识之所在。病者与健者，其印象并真，
167　其智不相上下。人的意念无虚妄者，故无去妄之术；恶念所由而起
的恶习却可化而为善。化恶为善，在身，医者以药物，在心，智慧之

师以言语。变化后的新体态或新意念，与旧者相比，并非较真，只是较优。哲学家不是蝌蚪，是医生与农牧；农夫牧人培养土壤牧场，使禾木秀茂、牛羊茁壮；医生使个人与社会去病弱而趋健强。贤智的说士使善者为国家显为正当（凡于一国显为正当者于此国即是正当），以此，他们堪享厚酬。苏格拉底，不论你情愿与否，必须仍作权衡。这是我的申辩，求你以持平之论与我交锋。我们志在说理，不徒事口给；说理与口给大不相同。御人以口给者总想驳倒对方，此种辩驳使人年长反而厌恶哲学。说理者设法了解对方，指出对方过之由己或出于朋游之薰染者；与人商榷平议，立名用字不落庸众东扯西拉的窠臼。你与反对者平易从事，他会投诚亲附，虽败而自怨自艾，弃其成见而皈依哲学。苏格拉底，我劝你取迳宽厚，避免吹求字句与人争胜。"

"德奥多罗，这是我所能给令友的区区援助，他若在世，其所以自助者当远胜于此。"

"你为他辩护极其豪壮。"

"是的；然而你可曾注意，普罗氏要求我认真从事、责备我们假手童子对他取笑？他示意你必须代替泰阿泰德，以为泰氏之智尽许过于许多长须的老者，却无以过于你，德奥多罗。"

"斯巴达角力场规定或卸衣或离场，你的作风却像安台恶士，近则不得脱，非与你一决雌雄不肯罢休。"

"对了，这是我的症结所在。我曾被无数丰功伟业辩口若悬河的海拉克类士与赛西务士断头破脑，总是不舍此种苦役；现在还要求你赏光。"

"在不超过一次交锋的条件下，我应允你。"

168

169

170　　　　此刻苏格拉底重复顷之论点。他极愿对普罗氏维持公道,故主张引用其本人的话:"凡显现于各个人者于彼为存在"。苏氏问曰,"人类公认,在不同的方面,智有过不及之差;然则普罗氏的话与此如何调和? 人当危殆之际,往往俯伏崇拜智过于己者如神明。世上充满着自愿为臣为弟子与不辞为君为师者。足见人类确在判别彼此的见地,以为有智愚之差。普罗氏将何以为辞? 他不能说,无人以他人为愚妄。你作一判断,千万人持相反之见。众人或不171　赞同,实不赞同,普罗氏'个人是一切事物的权衡'之说;究竟是否,由谁决定? 据他自己所表示,他的'真理'焉得不依靠赞同的人数,其真的程度之高低岂不与赞同者之多寡成比例? 而且他必须进一步承认,凡否认他的话为真者之所云并真;——这是妙不可言的笑谈。他若承认以他的话为不真者之言为真,便须自承其言非真。可是他的反对者拒绝承认其言非真,他亦须承认其所拒绝是对的。然则结论如此:包括普罗氏本人在内的全人类都要否认他的话为真,其真理对其本人及他人俱不真。"

　　　德氏于意以为此结论太迁,苏氏用讽刺态度答称其所言并不超过真理范围。"但令冥寿绵绵的普罗氏能从地下伸出头来,他定要对你我加以严正的责备,一刹那间复返黄泉。因其不可能应邀而至,我们必须自己检查此问题。显然人的智力有大差别。即使同意普罗氏,承认直接感觉,如寒热之类,对各个人存在如其所显172　现,此假定仍不能推广到判断或思想。甚至如普罗氏门徒不笃守师说者之见解,我们承认,是非曲直、虔敬褒慢、对各国家或各个人如其所显现而存在,普罗氏仍不敢主张,人人是利害得失的同等权衡或似乎有利者实是有利。然而新问题就此开端。""无妨,苏格拉底,我们有充分闲暇。""我们诚然有,且效哲学家的惯癖,离本题而旁涉。我时常注意到他们的习惯如何使其在法庭上令人发噱。""你的意思何在?""我说,哲学家能言所欲言,兴之所至,随意由一题目谈到另一题目;如我们,他谈话可以欲长便长、欲短便短。讼徒却总是仓皇急遽,滴漏限其时刻、陈辩书拘其题材、反对造在旁控制其发言权。他是家奴在手披诉状的主人面前与同辈奴才辩曲直;诉讼绝无二途,常是性命之争。此种经历使其变成精悍狡黠、习于阿谀之术、娴于诡诈之方。他过早步入险恶世途,其脆弱的年少之姿不能应之以真诚正直,转而持之以奸猾虚伪,遂至戕贼性灵、斲丧天真;直到成人,其心一无健全坦率诚挚之念,实是或自命为机巧诡谲的专家。讼徒如此,要否以哲学家的写照与他对比,或者将致过于节外生枝?" ¹⁷³

"不至于,苏格拉底,言论为吾辈奴役,不为吾辈主人。谁是审判官,谁是观众,有权制裁我们?"

"我要描写哲学家中领袖人物,其次要者不足挂齿。哲学权威不识法庭议会的路,国家的法律与决议,无论成文或宣读,一概不睹不闻;政治团体、庆祝场合、俱乐部、歌舞女,甚至不曾梦见。人与人的訾议诽谤,不论对男对女、及身或其祖先,他们漠不闻知,较海水有几多桶还不关心。他们不自知其不知此等事物,并非有意立异以邀誉。事实如此:他们的形骸寄居国土,其心,如聘达洛士所云,则在探索的途程中,以绳尺测量地下地上之物,穷究自然界 ¹⁷⁴
之全,仅不屈己俯察咫尺之内。"

"你的意思何在,苏格拉底?"

"说明吾意所在,要举诙谐女仆揶揄泰勒斯坠井的故事为喻。

此女仆说,他如此迫切欲知天上情形,乃至不能见足旁之物。此等嘲笑可加于所有哲学家。哲学家与世不相识,几乎不知邻居者是人是兽。他总是追求人的本质,研究人性在施与受方面之异于任何其他物性者应如何。因此,每当公私遇合之际,如我顷者所云,在法庭或任何场所,他便成笑柄,落井或陷于种种困难,非但见笑于女仆,见笑于一般群众。他貌似如此笨拙而未尝更事的人物,受人诟骂,也不能举对方的私事反唇相稽,因其不知任何人的劣迹。听人彼此讪诮,则不禁由衷嗤鄙其夸诞矫饰;——这又显得荒唐可笑。严君暴主于他有似牛豕的牧人,其所牧而榨取膏脂者较之牛豕为刁黠难制;如牧人,君主无暇受教;牧人圈其所牧于山谷之中,175　君主圈其所牧于城郭之内。闻说万亩或更多的产业,他便想到方舆大地。听人历举家世,他就提醒人人有亿万代的祖先,——富或贫,希腊人或外邦人,君王或奴隶。夸耀其二十五世祖安非图吕翁者,尽可随意远溯,直到前五十代的显祖荣宗;哲学家只是笑他不能计算较大的数。这是世俗所嘲笑的人,在俗眼中,他似乎不能顾及自己的双足。""描写极其逼真,苏格拉底。""然而,一旦哲学家把机敏的讼徒从诉辩提高到冥想绝对义不义的本质,或从颂圣提高到窥测苦与乐的自性,以及人类避苦趋乐之故,则形势反转:小鄙夫如立悬崖之上、眩然欲坠,舌僵口噤、言语讷讷;此状不见笑于女仆,却见笑于凡受过自由人的教育者。这是两流人的写照:其一是贤哲君子,无怪其不曾学会料理床蓐,或以割烹要宠;其他是伺应176　小人,几乎不知如何披斗篷,更无论能起平和之念、能赞道德之美。"

"苏格拉底,世人肯接受你的话如我,则人类和平多而罪恶少。"

"德奥多罗,人世总有恶与善对立,恶不存于天上神的境界。

因此,我们必须舍己而皈依神;皈依神要像神;像神要清净、正直、
真诚。然而多数人处世徒务外观,如村媪涂抹脂粉以饰衰容,以为
人当从善为了貌似君子。事实却是如此:神正直,人尽正直之能事
者最像神。知此者为智;术艺之智或政客形似之智,以视此智,直
是平凡鄙俚。不正直者往往自负其诡谲;他人称其刁黠,他却自解
曰:'彼意无非谓我优于酬世,不素餐,不为社会的赘疣'。可是他
应反省,不自知其恶,较之自知其恶,益使其形势恶化。不义之罚
并非死刑或鞭笞,却是不义日甚无可逃的命运。两个类型的生活
在他面前,其一敬神而邀福,其他慢神以取祸;他却日远其一、日近
其他。他不晓得,长此诡谲奸诈,死后不见纳于纯洁无瑕之境。然 177
而此等人若有勇气听此一番言论,常会对己不满,却似孩提之无力
自主。我们离题够远了。"

"苏格拉底,我爱听题外闲谈过于本题的话,因其较为易解。"

"回到本题。我们离题时,普罗塔哥拉与赫拉克利特之徒主 178
张,国家政令,存立之际,无不适当。然而无人坚持,国家立法,虽
意在兴利除弊,其效尽如所期;因利弊之效有待将来,有待将来者
易于亿而不中。普罗氏是否主张,个人之为万物的权衡兼括去、
来、今,各个人对未来之事的判断彼此毫无差别?例如,无医学训
练者能否预知其何时发热如照料他的医生?倘病人与医生意见分
歧,应孰是孰非,或二人并是?艺葡萄者是否优于预断葡萄收成之
丰歉,庖人是否优于预断酒食滋味之厚薄,普罗氏是否较之凡夫善 179
于估计演说发表后之效果?最后一例以普罗氏之矛攻普罗氏之
盾:人人能自断未来,普罗氏便无从致富。因此,他不得不自承其
为权衡;而我,一无所知的我,不能方驾普罗氏、而强为权衡。这是

从一方面驳他。另一方面,其说承认他人见解的权威,而他人见解不以其说为然;则他人见解的权威推翻其说的权威。我却无同等把握能推翻当前知觉状态的真实性;然而承认当前知觉状态无不真实,势必导致普遍流迁之说。关于此说的论战在伊奥尼亚全境漫延不息。""是的。厄费索斯人士于流迁之说直是若疯若狂。他们笃守其书之训,永在动中,不能暂息与人议论。其躁动之态不可

180 言喻。向他们任何一位请教,总是有问无答,却连三接四以不可解的词句相饷;他们无论对己对人,言语一无着落。于其身心念虑中,无一物固定;恒与固定之理交战。""德奥多罗,我想你不曾遇见他们平静时与其门徒从容谈论。""门徒! 他们一无门徒;只是一群不学无术的狂妄之徒,彼此相轻,以为人愚予智。解决问题,不可倚赖这一群人,必须靠我们自己。""此说由来久远,源于古之诗人,其辞以欧概安诺士与太徐士为象征;其为道也晦于一时,今则显于后世之大智,乃至织屦之夫俱能晓喻,闻说一切悉在动中,非若往时蒙昧所想象物有动者静者,辄不期然而五体投地、崇拜其师如神明。其相反之说亦不可忘;巴门尼德有句云:'原夫万有,名曰存

181 在,存在静一,独立不改'。然则我们处于两派相争之间,为双方所牵挽,不能确定何方有理;倘双方俱无理,我们将贻非圣诬法之诮,持见与古之大人先生背道而驰。"

"我们先接近河神们,或流迁之说的支持者。"

"他们讲动,是否必须包括两种,即地点的移转与性质的变更?

182 一切物必有两种动,否则同物可能亦静亦动,便与普遍流迁之说相背。我们岂不曾说,所有感觉如此而起:热与白或任何物与知觉之能并动于施者与受者之间,受者成为知觉者而非知觉之能,施者成

为含有某种性质之物而非某种性质;然而施受双方相依而存,不能
独立自在? 如今进一步发现,无论对于白或白物、感官或感觉,不
能加以任何谓语,因其恒在流动变迁中,谓其如何,即非如何。于
是乎,我们必须修改泰阿泰德与普罗塔哥拉之说,进而主张知识亦
是亦不是知觉;对任何物皆须同此说法,谓其亦是亦不是、亦变为 183
亦不变为。用'此'字尚且不当,因'此'即'非此';辞的意义瞬息不
居,则语言之为用穷。故语言无以达此辈之旨。"

　　这一段讨论终了,德奥多罗要求如约卸肩;泰阿泰德却坚决要
求他与苏氏继续考究唯静之说。泰氏的要求被苏氏谢绝,因苏氏 184
过于敬畏巴门尼德,未敢率尔驳击他。[他后来回到智慧之师的唯
静之说,目前却不愿违其本旨,要把泰氏所怀知识的胎接出。]苏氏
进而请问泰氏,知识是知觉,然则以何而知觉? 第一答案是,以目
视物、以耳闻声。这引起苏氏想到,推敲字眼,有时失之学究之迂,
有时却是必要;他建议于此处以"通过"代"以"字。感官非如土洛 185
斯兵士伏于木马腹中,却有统一中枢,为所有知觉之所会合。此统
一中枢能把知觉互相比较,故必与知觉有别。有若干事物通过身
体上的器官而被知觉,亦有数学上的与其他抽象的概念,如同与 186
异、似与不似等,由心灵本身知觉之。抽象概念中,"存在"为最普
遍。善与美为另一种抽象概念,有所对待而存立,比其他抽象概
念,尤为心灵本身所有事,参证去、来、今而加以比较。例如,触而
知物之为坚为脆,坚脆的知觉是人与兽有生以来的天赋之能。然
而坚与脆的本质、其存在与对立,却是徐徐由思想与经验学而知
之。仅知觉无以达存在,故不能得真理;因此,知觉无有于知识。 187
倘其如此,知识不是知觉;然则知识为何? 心灵本身有事于存在,

谓之运思；是否可说，知识是真实的思议或论断？可是旧难题仍
188　在，试问虚妄的论断如何可能？难题可分解如下：

　　　于物或知或不知（学习与遗忘等中间过程目前无需考虑）；在
　　思维中或运思时，必然或知或不知其所思，不能同时亦知亦否。不
　　至于把所不知之一物混为所不知之他物；也不至于以所不知者为
　　所知者、以所知者为所不知者。在“于物或知或不知”的假设下，有
189　何其他情况可以想象？试于存在范围求得另一答案：譬如，思、而
　　思所不存在者。此情况容有类似之例否？能否见、而见无形；闻、
　　而闻无声；触、而触无物？所见、所闻、所触岂不必然是任一存在之
　　物。思于无物，便是不思；不思，则不能有虚妄之思。于此可见，无
　　论从存在方面或知识方面，俱寻不着虚妄的论断，两条路都行不
　　通。然而思想能否混淆对象——能否以一物为他物？泰氏确信，
　　以善为恶、以恶为善，这一类情况必然就是“真实的虚妄”。苏氏不
　　愿使他扫兴，故不追究其所谓“真实的虚妄”一辞的矛盾。关于思
　　想混淆对象的新论点包括兼思二物的问题；或同时一并思之，或先
190　后更迭思之。思议是心之自言自语，进行自问自答，直到一无疑
　　惑、下决定而作论断。虚妄的论断在于自语曰：“此物即彼物也。”
　　“你曾否对己说，善即是恶、恶即是善？甚至梦中，曾否想象奇即是
　　偶？任何清醒的人曾否幻想一牛即是一马，或二即是一？可见绝
　　不能想一物是他物。切莫在字眼上取巧，因二物之一并称‘其一’，
　　而把此一与彼一混同。”心中兼思二物者不能倒置彼此，独思其一
　　者亦不能以此一为彼一；——无论兼思二物或独思其一，彼此易置
　　总是不可想象。

191　　　然而，还可能在某一意义下，以所不知为所知；例如，泰阿泰德

识得苏格拉底,远处误以他人为苏格拉底。可借观物时留在胸中的心影,以了解此情形。假定人人心里有一块性质优劣不等的蜡版;这是司记忆之神——诸穆萨之母——所赐予的。感觉知觉,欲记之于心,则在此版上留迹,如打印一般。在此版上留迹者,其迹尚存,便忆之知之;其迹磨灭或留而不完者,则不忆不知。在下列情况,不可能以一物为他物:二物记之在心,不在目前知觉中;知一 192 物,不知其他而无其影像在心;二物俱不知;二物在目前知觉中,或其一在而其他不在,或其一与其他俱不在;二物俱在目前知觉中并知之,其目前所知觉与所知亦相符合(在此情况下尤不可能以一物为他物);其一不知而在目前知觉中,其他不知亦不在目前知觉中;其一不在目前知觉中亦不知,其他不知亦不在目前知觉中;二物俱不在目前知觉中亦俱不知;——凡此等等情况必须除外。然而可能误以所知并在目前知觉中之一物为所知之他物,或以在目前知觉中而不知之一物为所知之他物,或以所知并在目前知觉中之一物为所知并在目前知觉中之他物。

这些情况的区别,头绪纷纭,泰氏苦于不能领会。苏氏举例以说明,他首先指出,可能有知识而无知觉、有知觉而无知识。"我尽 193 许认识德奥多罗与泰阿泰德,而不见二位;也许相见,却不相识。""这我了解。""然而,或认识你们二位而不相见、或只识一位而与二位俱不会面,或二位俱不认识亦未曾晤,都不至于以其一为其他;在任何被除外的情况下,皆不可能以一物为他物。其可能者唯有:(一)识得你与德氏、二位的印象并留于我心的蜡版上,远处恍惚望 194 见你们,把印象与人配合错了,如纳屦之左右倒置;(二)识得二位而只见着一位;或识得并见着二位,却不能以在心的印象与面前的人相合并、而辨其各为谁何。然而知觉与知识相吻合,则不至于以此误而为彼。"

"希腊文'心'($\kappa\tilde{\eta}\rho$)字读如恺尔、'蜡'($\kappa\eta\rho\acute{o}\varsigma$)字读如恺尔洛斯,荷马因此二字音相近,赋诗以蜡版比心地。我则效颦以谓心中蜡版平坦宽厚,则铭迹清晰耐久、不致混淆。心被茅塞,如彼全智诗人之所比兴,亦似蜡版不净不淳、过坚过脆,铭迹便相应而混淆,且不能久留。于不淳与过坚者,铭迹并皆模棱,于过坚者尤甚,因其不能深入;于过脆者,铭迹极易消灭。心地猥屑,有如蜡版狭窄,则铭迹拥挤重叠,愈益模棱。俱此等资质者见解不确,因其鲁钝而见闻思议俱乖,——此之谓愚与妄。然则谬见无非思想与知觉相混淆。"

泰氏闻此说,不胜其欢欣鼓舞。然而苏氏俄顷之间复感失望,因其想起反驳的论点:"心思与官觉不相混时,岂不亦能产生谬见?所想的人与马固不至于相混,五加七却可能致误。注意,五与七仅是涉想所及的纯概念! 于此,我们复处于两难之境:或是否认有虚妄的论断,或是承认可能在同一时间知其所不知。"

"对此问题,我们已经费尽心机,即使贸然从事,似亦可以原谅。我们一向反复沿用'知''解'等字,却不晓知识为何。""是啊,苏格拉底,不用此等字,如何能讨论?""诚然,可是未下注解,真正的雄辩家不许人用。现在必须下注解。'知'字之义有二:其一是操知识,其二是有知识,——'操'与'有'有别。可能有斗篷而不披之在身,可能有野鸟而蓄之于笼中;斗篷与野鸟,有之而不操之。前以蜡版,兹以鸟笼,比方心地。幼时此笼尚空,随后纳鸟其中。以鸟可喻各种各类的知识:或成群,或独栖而随处飞跃。奇数偶数之学或其他学问,求之譬如捉之。有鸟与操之在手显然不同,初捉与探笼取之自亦有别。"

"用之与有之的区别使不知其所知之说免于流为妄诞,因有之是知之的一义,用之是知之的另一义,则不用其所有可以说是不知其所知。然而这岂不是以暴易暴,解决一难题适以引起另一更大的难题? 两项知识彼此易置如何能成虚妄的论断? 而且亦可以谓不知能致知、不见能致见。"泰氏建议:笼中可能有若干假鸟,即各项非知识;探笼欲索一项知识,或误得一项非知识。"但知识与非知识既是两类知识(译者按:即真假两类知识),焉能以一类为另一类? 是否别有知识以分辨各项知识与各项所不知者,有如叠床架屋,知识之上复有知识? 如此讨论问题,则循环不已,永无进境。" 199

200

凡此纠纷皆起于未明知识为何,而贸贸然欲辨虚妄的论断。然则知识为何? 泰氏重提知识是真实的论断,即真实的意见。然而以说士与审判官的事例衡量此说,此说似乎不能自圆。显然,审判官不当场眼见犯罪行为,说士不能把关于此等罪行的真实知识传授审判官;他只能说动审判官,审判官或能形成真实意见而作正确判断。然而真实意见若是知识,审判官判案就不能离知识。 201

泰氏再度提出其所闻于人关于知识的定义如下:知识是附带定义或解说的真实意见。苏氏也曾有相似的梦,并闻说:元素唯名而已,定义或解说始于名的撮合;字母不可知,音段或字母的复合体可知。然而,此一新假设,验之以字母,便不能成立。"苏格拉底"(Σωκράτης)的第一音段是"苏"(Σω),"苏"是什么? 是两个字母——"锡格麻"(Σ)与"欧媚卡"(ω),一嘶声附母与一元音主母;过此以往,无可解说。于此二母,焉能不各知其单而并知其双? 然 202

203

而另有一说：音段可能与其所含诸字母或诸部分有别，而在观念中

204 成一整体。各部分集合之体与整一体未必相同。泰氏颇倾向于采

205 纳此说，被苏氏一问，却茫然不知整一体与集合体的区别。音段倘

206 无部分，便是无可解说的元素。然而字母若不可知，音段焉得为可

知者？幼龄学识字，先识字母，后识音段。音乐中的单独音调，好比

乐谱上的各个字母，其单独的意义较其所合而成的音谱尤为明晰。

　　"其次，我们必须问，何所谓'知识是附带解说或定义的真实意

见'？解说可指：（一）以辞达意或以言语反映思想，——凡不聋不

207 哑的人皆能之。（二）历举构成一物的元素。对于车，尽许有真实

的意念；然而，能历举赫西俄德所云造成车的一百块木材，唯有如

此，才算有车的知识。'泰阿泰德'（Θεαίτητος）一名，可能知其音

段、不知其字母；然而，非至二者并知，不算对此名有其意念而兼有

其知识。另一方面，虽知'泰阿泰德'之'泰'（Θε）音段，同此音段

208 在'德奥多罗'（Θεόδωρος）一名中，却有时致误；在学识字的过程，

往往有此等错误。甚至既能依次写出大名'泰阿泰德'的所有字母

与音段，对大名仍是只有正确的意念。然而，除前之所云以辞达意

与历举一物的元素，解说或定义还有第三意义，即（三）能察一物所

以异于他物的特征，即一物与他物的区别所在。"

209 　　"例如，我虽察及一人有眼、有口、有鼻，仅此不足以见此人与

他人之别。此人或是扁鼻露睛，仅此亦不足以见其与你我及其他

貌似你我者之别。唯有察及你的特种扁鼻，才能省识你之为你。

得到你所以异于他人的特征，才有关于你的知识。然而，既得此特

征，算是有了知识，还是只有意念？若是只有意念，便不算有了知

识。若算有了知识，则知识一辞益滋其惑；因如此云云，势必以'正

确意见兼特征的知识'为知识的定义，——以'知识'定知识之义，210
等于徒然。"

"然则，泰阿泰德，知识不是知觉，不是真实的意见，也不是真实的意见加以解说。如此，我指出了你的心灵的子息不堪抚养。关于知识问题，你是否已娩其所孕，或者还在临蓐？如有余意，经此沙汰，损即是益；若已索尽枯肠，不以不知为知，即此便是进益。请注意，吾术如吾母之术，其能事止于接他人的胎；我不敢妄拟于古今之贤哲。"

"此刻我要到王宫前廊与买类托士相会；希望明早此地再见，德奥多罗。"

泰阿泰德

（或论知识：隐试的）

人物：尤克累底士　特尔卜细翁　苏格拉底　德奥多罗　泰阿泰德

尤克累底士在家门口遇着特尔卜细翁，相邀入室，呼僮宣读以前苏格拉底与泰阿泰德等谈话的笔记。

A　尤　特尔卜细翁，才从乡下来，或者到些时了？

特　到些时了。正纳闷着在市场上寻你不见。

尤　可不是，我不在本城。

特　哪里去了？

尤　到港口去了；遇见泰阿泰德从哥林多军营抬回雅典。

特　活着，还是死了？

B　尤　活着，可太难了。既受重伤，甚至染上军队中的流行病。

特　可是痢疾？

尤　是啊。

特　你说，斯人而遭此难！

尤　唉，特尔卜细翁，斯人善良而勇敢；方才我还听人盛称他此战的事迹。

　　特　毫不足怪,不如此倒是稀奇。他何以不停留此地——麦 C
加拉?

　　尤　他急于回家,苦劝不肯留。我护送几程,归途想起而惊佩苏
格拉底的预言,尤其关于此君的。记得他去世前不久,曾与童年的此
君一面,相见接谈之下,大赞赏其资质。我到雅典时,他把与此君的谈
话转述给我听——真值得一听;还说,此人天假之年,必成有数人物。 D

　　特　显然苏氏之言中。这段谈话如何,能否重述一遍?

　　尤　不,不能信口述出。当时我一回家,先草备忘录,随后得 143
暇,有所回忆,便写下来。每到雅典,把遗忘的问明苏格拉底,回来
加以修正补充。因此,全部谈话几乎记录无遗。

　　特　是的,以前听你提过,总想索观,直延到今。此刻何妨读
一遍? 我才从乡下来,也要休息一下。

　　尤　我送了泰阿泰德直到埃令尼安,也不反对休息。请进,休 B
息的时候,那孩子读给我们听。

　　特　好极了。

　　尤　本子在此,特尔卜细翁。我是这样记的:不用苏格拉底向
我追述的语气,用他与对方直接交谈的语气;——对方是几何学家
德奥多罗和泰阿泰德。为免文字累赘,凡追述时所搀入交代的字 C
样,如述自己发言,有"我说""我提",等等,述对方答话,有"他赞成"
"他不同意"之类,这些一概略去,只用他与对方直接谈话的体裁。

　　特　无伤于记言体裁,尤克累底士。

　　尤　孩子,拿本子来读。

　　(以下是尤克累底士的家僮所读的笔记。)

D　　苏　德奥多罗,我若较为注意居勒尼的事,便会向你探询该处的风土人物,其青年有谁致力于几何或其他哲学。然而我关心此地的后进过于彼地,也比较迫切要求知道,我们的青年将来谁会出人头地。我极力察访,每遇青年所追随者,就要打听。不少青年追

E　随你,这是应该的;你的几何学与其他造诣都值得他们追随。你若遇见谁堪挂齿,我愿识荆。

　　　　德　苏格拉底,我遇见你们同胞中一位少年,堪得我称道,值得你倾听。他若是姣美,我就不敢饶舌,恐防有人疑我好色。他并不美;莫见怪,老实说,像你扁鼻露睛,只是不那么显眼而已。因

144　此,我畅胆称道他。你要知道,我和很多青年盘桓,未见一位如他资质之美。其过人之敏、其异常之温、其出众之勇,我都臆想不到,何况目睹。然而如他之敏而强记者,多数性情暴躁,冒突若无舵的

B　船;与其谓之勇,毋宁谓之狂。其较为持重者,于学却钝而健忘。唯有他,求学步骤平稳坚定、从容有得,其进也,如油之无声无浪地流;令人诧异,其年龄如彼而造诣竟如此。

　　　　苏　你真是报告好消息。他是同胞中谁的儿子?

　　　　德　我曾闻伊父的名字,可记不得了。瞧,来的中间一位就是他。

C　方才他和同伴在外操场涂油,此刻似乎涂过油进来。看你认得他吧。

　　　　苏　认得,他是宋尼坞斯地方幼弗浪尼沃士的儿子。朋友,如你所称,父子一辙;父在其他方面也有名,还遗下很多财产。只是不知此少年的名字。

D　　德　泰阿泰德是他的名字。似乎伊父托孤者荡尽了他的遗产,此子在钱财上却也慷慨惊人,苏格拉底。

　　　　苏　你所称道确是大丈夫。请他过来,坐我旁边。

德　遵命。泰阿泰德,过来,坐苏格拉底旁边。

苏　千万坐过来,泰阿泰德,让我照见自己面貌究竟如何,——德奥多罗说我像你。譬如你我各有一张弦琴,他说我们弹 E 的音调相同,就相信呢,或者先考虑言者是否知音?

泰　要考虑。

苏　发现他知音,就信,否则不信?

泰　对。

苏　我想,此刻若是关怀你我面貌的相似,就要考虑指出相似 145 者是否画家。

泰　我想要的。

苏　然则德奥多罗是否画家?

泰　据我所知,他不是。

苏　也不是几何学家吗?

泰　绝对是,苏格拉底。

苏　并通天文、数学、音乐,凡学者所通,他都通?

泰　似乎如此。

苏　他若说我们身体上有相似处,无论赞美或讥刺,并不值得特别注意。

泰　也许不值得。

苏　称道你我之一性灵上的德与智呢? 岂不值得旁观者殷勤 B 侦察、身受者实心表现自己?

泰　当然值得,苏格拉底。

苏　可爱的泰阿泰德,此刻正是时候让你表现、让我侦察。须知,德奥多罗向我称道过许多外侨与同胞,却未曾如方才之称道你。

C　　泰　但愿如此,苏格拉底;可要防他开玩笑呢。

苏　这不是德奥多罗的作风。莫以他开玩笑为辞,收回你的诺言,而逼得他发誓自明;其实何尝有人告他诬枉。壮起胆来,维持原议。

泰　你既吩咐,我必照办。

苏　告诉我,你是否跟德奥多罗学几何?

泰　是。

D　　苏　也学天文、音律、算术?

泰　尽力学。

苏　童子,凡我认为于此种种有所知者,如此公与其他学者,我并皆从学。一般吾犹人也,唯此区区莫解其惑,要与你及在座诸位研究一番。请问,学是否对所学增长智慧?

泰　可不是!

苏　那么我想,智者以智慧而成智。

泰　是的。

E　　苏　这与知识何别?

泰　什么与知识?

苏　智慧与知识。岂非知之所及便是智之所在?

泰　可不是!

苏　然则知识与智慧同物?

泰　是的。

苏　我一向所迷惑,而力所不逮者,在于知识之为何。我们能否有所建白?公等于意云何?我们谁先发言?轮到谁发言,说错146　了就坐下,如儿童玩球所谓当驴子;始终不错者为王,可以随意指派问题。你们何以不作声？德奥多罗，莫非我因爱说话，急于使大家如亲如友、倾怀相见、畅所欲言，而显得鲁莽了？

德　苏格拉底，如此毫不鲁莽。还是让年轻的一位答复你的 B 问题，我不惯于这类讨论，而且年力不济。对他们却相宜，他们进步较易；实际上年轻人事事都会进步。既起了头，便莫放过泰阿泰德，继续对他发问题罢。

苏　泰阿泰德，你听见德奥多罗的话；我想，你并不肯违拂他，C 况且关于这类事，年轻人不听从年长有智慧者吩咐，似乎也不对。来，豪爽而确切地说，你想知识为何？

泰　苏格拉底，你们吩咐，我必遵命。说错了，千万要纠正。

苏　那一定的，只要我们做得到。

泰　那么我想，凡从德奥多罗所学的便是知识，如几何学，以及你方才所提的种种；此外，如织屦之艺与其他手工艺，这些无论 D 统称单举，莫非知识。

苏　既豪爽又慷慨，我的朋友；求一而与多，问简而答繁。

泰　此言何谓，苏格拉底？

苏　也许无所谓；且把我所想的告诉你。你说织屦之艺，无非指织屦的知识吧？

泰　无非指此。

苏　说木工的手艺呢？无非指制造木器的知识？　　　　　　　E

泰　也不外乎指此。

苏　此二例岂不是分别表示此二艺为何物的知识，为此两种知识划清其对象的界线？

泰　是的。

苏　然而,泰阿泰德,所问并不在此:不在于知识为何物的知识,也不在于知识有几多种。问题不在于历数知识的门类,在于知识本身之为何。我的话是否无谓?

泰　不,说得很对。

147　　苏　且考虑这一点:若有人举浅近的一物问我们,譬如关于泥,问泥是什么;我们答复他,泥是瓷工的泥、炉灶夫的泥、砖瓦匠的泥,这岂不是笑话?

泰　也许。

C　　苏　第一步就可笑:以为我们的答案能解问者之惑;问泥是什D　么,仍用"泥"字答复,只加"塑工的"或其他"某某匠人的"字样。你想,不知一物之为何,能解其名称吗?

泰　绝不能。

苏　那么,不知知识之为何者不解所谓"织屦的知识"。

泰　不解。

苏　昧于知识之为何者不解所谓"织屦之艺",并亦不解任何所谓某艺。

泰　是如此。

苏　因此,举某艺的名称答复"知识为何"的问题,答案是可笑C　的;这是举某物的知识为答,所答非所问,——所问不是"知识为何物的知识",是"知识本身为何"。

泰　似乎如此。

苏　其次:有简易的答案可提,却绕途而举其所不胜举者。关于"泥是什么"的问题,简易的答案是"泥者和水之土",管它是谁的。

泰　问题如此刻提法,却显得容易了,苏格拉底。你所提的似

乎与我们最近所讨论的同类;——我和与你同名的此君,谈话时发 D
现一个问题。

苏　什么问题,泰阿泰德?

泰　在座的德奥多罗为我们画图表明方数的根,如三方尺和
五方尺的方形,指出其边或根以整尺的单位量不尽;逐一举例,直
到十七方尺的方形为止。于是我们想出主意:根之为数既是无穷,
设法以一名称概括所有的根。 E

苏　你们得到此种名称吗?

泰　我想得到了;你看如何。

苏　说吧。

泰　我们把所有的数分为两类:其一,凡同数相乘而生者,用
正方形代表,谓之正方形数或等边方形数。

苏　很好。

泰　其二,介于此类之间的数,如三、五,与凡不能生于同数相 148
乘、而生于小乘大或大乘小,如形之有长短边者,我们以长方形代
表,谓之长方形数。

苏　好极了。其次呢?

泰　凡代表等边方形数之正方形的四等边,我们名之曰长度。
凡面积大小等于长方形数之正方形的四等边,我们名之曰不尽
根①。此两种正方形的边异名,因后者与前者,不能在边的长短 B

———————

①　盖即数学上所谓无理数(irrational numbers)。无理数是泰阿泰德发现的,为
当时希腊三大发现之一(参阅《数学简史》,斯特洛伊克著,关娴译,科学出版社,1956
年版)。

上，只能在面积的大小上，以共同单位量尽。关于立体亦复如此。

　　苏　再好没有，童子们。我想德奥多罗不至于被控诬证之罪了。

　　泰　苏格拉底，关于长度与根，我们的答案如此，对你所提的知识问题，我却无能为力；然而料到你是欲得类乎此的答案。所以德奥多罗对我仍是溢美、言过其实。

C　苏　何以见得？假若他称道你善跑为年少中所仅见者、后来却被年壮举步如飞的健手赛输了，你想他的称道会因此而减低其真实性吗？

　　泰　我想不会。

　　苏　关于知识，如我方才所提的研究问题，你想微末不足道、不是第一流人物的事业吗？

　　泰　我的上帝！我想是第一流人物的事业。

　　苏　那么，鼓起自信心，承认德奥多罗的话并非无稽之谈，尽

D　其能事求得知识为何的界说，对其他事物亦复如此。

　　泰　苏格拉底，努力有济于事，则所求可得。

　　苏　来罢，你方才指点得很对：解决"根"的问题，把众"根"统归一类；现在如法炮制，试以一个界说包括种种知识。

　　泰　苏格拉底，你可晓得，我耳闻到你所提的问题，时常试加

E　研究；然而既不能自信有圆满的答案，也不曾听人提出如你所要求的答案；却又不能不关心。

　　苏　可爱的泰阿泰德，你正困于分娩，因为有胎。

　　泰　我不知道，苏格拉底；我只是说出一向的苦闷。

149　苏　孺子可笑，你难道不曾听说，我是一位尊贵而庄严的产婆——费纳类太士——之子？

泰　听说过。

苏　可也曾闻我行此术？

泰　从未曾闻。

苏　让你知道，切莫告人。朋友，我怀此术，众所不知；因其不知，未曾传说，只道我奇怪不过，吹毛求疵，令人困恼。你可也听见？

泰　听见过。　　　　　　　　　　　　　　　　　　　　B

苏　要我把原因告诉你吧？

泰　当然要。

苏　想想有关产婆的一切，容易了解我的意思。你知道，尚能怀胎生子者绝不为人接生，已经不能生育者才行此术。

泰　当然。

苏　据说原因在于阿登密士，无子而阄分到管理生育的女神。C她不许不能生育者接生，因为人性熟才生巧，己所不娴无能为役；也为抬高自己同流的声价，以此职务委派已过生育年龄的妇人。

泰　似乎如此。

苏　辨别有孕与否，莫过于产婆，这是理所宜然而势所必然的吧？

泰　无疑。

苏　产婆也能随意以药剂与符咒，引起或减轻生产的痛苦，使　D难产者顺产、宜于小产者小产？

泰　是如此。

苏　你还理会到她们的这一点：同时也是最能干的媒婆，确知何种女子与何种男人配合而生子最优？

泰　这一点全未理会到。

苏　可要晓得，关于这一点，她们比对剪脐带的技术还要自　E

豪。你想,何等土壤宜于何种树木或种子,这一类的知识与培养收成等,属于同一技术,或者属于不同技术?

　　泰　属于同一技术。

　　苏　那么,朋友,你想女子择配属于一门技术、生子属于另一门技术?

　　泰　似乎不然。

150　　苏　不然。只为社会上有一种违法背理的男女撮合,谓之"诱淫";产婆们持身端谨,恐犯鸨母的嫌疑,甚至避免做媒。其实唯有真正的产婆堪作正当合理的男女撮合。

　　泰　似乎如此。

B　　苏　产婆的责任如此,尚且不如我的重大。女人不会有时生真子、有时生假儿,令人难于辨别。如有此情,产婆最伟大而高贵的工作在于辨别真假。你想是不是?

　　泰　我想是的。

　　苏　我的接生术与她们的在其他方面相同,只是我术施于男、不施于女,伺应生育之心、不伺应生育之身。我术最伟大处,能从

C　各方面检验少年心思,究竟生产幻想错觉,还是真知灼见。如她们之不生子,我是智慧上不生育的;众人责备我尽发问题,自己却因智慧贫乏,向无答案提出,——责备得对啊。原因在此:上帝督责

D　我接生,禁止我生育。因此,自己绝不是有智慧的人,并无创获可称心灵的子息;然而,凡与我盘桓者,或其初毫无所知,与我相处日久,个个蒙上帝启示,有惊人的进步,自己与他人都觉得。显然,他们不曾从我学到什么,自己内心发现许多好东西,生育许多好子

E　息。上帝与我只为他们负责接生。证明在此:以往许多人不知此

情,藐视我,以为一切成就于己,或出于自动,或受人怂恿,未及成
熟就离开我;离开以后,因伴侣不良,胎儿流产,且因抚养不当,我
所接生的并遭夭折。其人视邪说伪道重于真理,以致愚妄昭彰,非
但自惭形秽,且为众目所睹。其中之一是吕信麻恪士之子阿历士   151
太底士,还有许多别人。他们回头恳切求我复与为侣,降临我心的
神或许我或不许我复与往还,其许我复与往还者复得进步。与我
盘桓者和生育的女子同感日夜苦痛,且远甚焉;吾术也能引痛而止
痛。大致情形如此。复次,泰阿泰德,有时我认为无孕而不我需   B
者,便慨然为之作伐;藉上帝的灵,都猜准他们与谁结合有利。我
介绍许多给普洛迪恪士及其他智慧如神的大师。最优秀的童子,
话说长了,因为我怀疑,如你所自知,你受着内心有胎的苦恼。请   C
光顾,我是产婆之子,自己也能接生;尽你能事,答复我的问题。检
验后认为你所提某点幻而非真、悄然取而弃之,千万莫恼,如妇人
失其头胎爱子。以往许多人如此对我,因我剔除其愚妄之见,恨不
得咬我一口;他们不想我此举出于好心,更不知神绝无恶意对人之   D
理,我又焉得包存祸心来行此事,无非不应袒护伪道、委曲真理而
已。泰阿泰德,从头试说知识究竟为何。莫以不能为辞;只要上帝
指点、你有胆量,何患不能。

泰　苏格拉底,你既如此鼓励,任何人都不好意思不尽其能事
一吐其所怀。我想,知一物者觉其所知,据此观点,知识无非知觉。   E

苏　童子,爽快而说得好!是要如此抒其所见。来,共同检验
这句话,真胎,还是一团气。你说,知识是知觉?

泰　是的。

苏　关于知识,你恰巧提出非同小可的理论,而且普罗塔哥拉   152

也提过的。他只用另一方式讲同样道理。在某书上写着:"个人是一切事物的权衡;存在者之存在、不存在者之不存在,标准并存于个人。"你读过吧?

泰　读过多次。

苏　其意岂不是如此:你我既是人;一物于我显得如何,对我便是如何,于你显得如何,对你便是如何?

泰　其意是如此。

B　　苏　有智慧者不至于说无谓的话,我们且来求解其义。有时对同一阵风,你觉得寒,我不觉得寒;我感微寒,你感酷寒;是否如此?

泰　诚然。

苏　我们认为此风本身寒或不寒;或同意普罗塔哥拉,认为对感寒者寒,对不感寒者不寒?

泰　似乎要同意他。

苏　此风是否对你我个人,各显得寒、各显得不寒?

泰　是的。

苏　对人"显得"即是其人"觉得"?

泰　是。

C　　苏　那么,关于寒、热与一切类似者,物之"显现"与人的"知觉"相同,因此等物于各个人显得如何正如其人觉得如何。

泰　似乎如此。

苏　知觉总是对于真实存在之物的知觉,而且不会虚假,因其等于知识。

泰　显然。

苏　我的哈利士女神①！全智的普罗塔哥拉莫非让我等凡夫猜谜,而把真理密授自己门徒?

泰　苏格拉底,此言何谓?　　　　　　　　　　　　　　　D

苏　告诉你一篇大道理:无物自成一物,不能确称一物为何物、为何等物,称其"大",也显得小,谓之"重",亦现为轻;一切莫不如此,因无物为一物、为某物、为某种物。由变动与混合而生凡所谓"存在"者;谓之"存在",误也,因无物曾住而为存在,一切永处于　E变中。一系列的智者,巴门尼德除外,如普罗塔哥拉、赫拉克利特、恩培多克勒等,以及戏剧第一流作家,喜剧如伊辟哈儿莫士,悲剧如荷马,关于此点,异口同声赞成。荷马有句云:"欧概安诺士乃诸神之所自出,太徐士为诸神之母②";意思说,一切生于变动之流,变动为万物之祖。你想其意不是如此吗?

泰　我想是如此。

苏　谁能抗拒荷马所统的如此大军,而免作笑柄?　　　　153

泰　可不易,苏格拉底。

苏　不易,泰阿泰德。其说有如此充分证据:由动而起所谓"存在"与变迁,由静而致不存在与毁灭。发生而维持万物的热或火本身发于荡与摩——动的两个方式。难道摩与荡不是火的来源?

泰　是的。　　　　　　　　　　　　　　　　　　　　B

苏　同样,动物族类也发源于此。

泰　可不是?

---

①　希腊神话中司宠爱(Grace)与美丽(Beauty)的女神。

②　见《伊利亚特》第14章第201行。欧概安诺士是河神,太徐士是他的夫人。

　　苏　身体的习惯岂不是坏于滞与怠、通常以操练与运动保持常态？

　　泰　是的。

　　苏　心灵的习惯呢？心灵岂不是由学与习而求得知识、而维C 持现状、而逐渐进步，由不学不习而一无所得、而忘其所学？学与习是动的，不学不习是静的，是不是？

　　泰　当然是的。

　　苏　然则动于心身并有益，静适得其反？

　　泰　似乎如此。

　　苏　要不要再举不通的气、不流的水、与种种类似者，说明静者朽毁而动者生存？还要不要加强我的论据达于极点，指出荷马D 以金链比方太阳，说明一旦太阳与天体运行不息，上天下地神祇人物都得保存；一旦絷而不动，万物也就同归于尽，简直成了所谓天翻地覆？

　　泰　苏格拉底，我想其意如你所云。

　　苏　最优秀的童子，目前且作如是观。先从视觉说起：莫把所谓白色认为本身自成一物存于眼外或眼内，也莫指定其在何处；如E 此，便住于固定方所，留滞而不在变中。

　　泰　然则如何想象色之为物？

　　苏　若依方才所提无物自成一物的论点，黑白与任何颜色显154 然是眼睛与相应的动接触而生的；凡所谓色，既不是接触者，也不是被接触者，而是起于两者之间的东西，对人人都是特殊的。或者你坚持，每个颜色对你显得如何，对一只狗或任何动物也显得如何？

泰　指着上帝①说，我不认为如此。

苏　那么，任何物对你对人都显得相同吗？你于此颇有把握，或者更确信，甚至对你本身不显得相同，因你本身就不曾相同？

泰　我想后一说较为近理。

苏　我们所用以较量自己大小，或所接触者，无论是大、是白、B 是热，如其本身不曾变，与他人相值也不至于有所不同。其较量他物或接触他物者，无论是大、是白、是热，尽管他物被接触或受影响，其本身若不受影响，也不至于变。朋友，通常我们难免随便说离奇可笑的话，如普罗塔哥拉及其同调所要指摘的。

泰　什么话？怎样离奇？

苏　设一小譬喻，便悉解吾意。譬如比骰子，以六比四，说多 C 一半；以六比十二，说少一半。不容其他说法；你想容否？

泰　我想不容。

苏　怎么地？假若普罗塔哥拉或其他一位问你："泰阿泰德，物不增长，能否变多变大？"你将何以为答？

泰　苏格拉底，若就此问题作由衷之言，我要答"不能"；若顾 D 前言，避免自相矛盾，就要说"能"。

苏　对着海拉女神②说，妙而神通，我的朋友。显然，你若说"能"，便如欧力皮底士的口吻，所谓心服口不服③。

---

①　原文此名词文法上的第一位（亦称格）为 $\triangle_{\iota s}$ 或 $Z\varepsilon\acute{\upsilon}s$，罗马谓之 Jupiter；是希腊罗马宗教最高的神，为诸神之王。

②　希腊宗教中司妇女与婚嫁之女神，乃天上之后，为上帝（$\triangle_{\iota s}$）之姊及妻。

③　见欧力皮底士的《希波吕托斯》(Hippolytus)，第 612 行，依其原文质译曰："我舌已发誓，我心不曾发誓"；——即"言不由衷"或"口是心非"之意。

泰　对了。

苏　你我若是敏而且慧,既通有关思维的一切,可将余力彼此

E　探试,如智者之斗智,开起舌战,以言论交锋。然而我们只是平庸

的人,第一步但愿认清自己思想的本质,是否一贯或者自相矛盾。

泰　诚所愿也。

155　　苏　亦吾所愿。既是如此,又有充分时间,何妨平心静气重来

一遍,认真检查我们自己,看胸中这些幻象毕竟为何?检查了第一

个,我想我们要说,绝无一物,本身依然如故,而在体积或数量上变

大变小。是否如此?

泰　是的。

苏　第二,一物无所损益,便也不会有所消长,总是如故。

泰　确是如此。

B　　苏　第三,未变成有或不在变为有的过程中,一物不能先不存

在而后存在。

泰　显然不能。

苏　这三个假定在我们心里彼此冲突,如果提起方才关于骰

子的话,或是说到我这年纪的身材,不消不长,一年之内,先是比你

这年少的高,后来又比你矮,——我自己的体量毫无所减,只是你

C　长了。我不变,而竟成了非同前我的后我。无变,不能变成;体量

无减,我也不能变矮。承认这些,便有成千成万类似的例子。你跟

得上我的话吧,泰阿泰德;我想你对这些问题并不生疏。

泰　指着诸神说,苏格拉底,这些现象究竟如何,我十分莫名

其妙,有时想起,真觉头昏。

D　　苏　朋友,德奥多罗对你的性格显然猜得不错。疑讶之感原

是哲学家的标志,此外,哲学别无开端;说伊里士①是陶马士②之女,并无误溯其血统。据所称述的普罗氏之说,你可了解此等现象之所以然,或犹未也。

泰　我想尚未了解。

苏　我若助你发掘一位——其实多位——名人思想中隐藏的　E
真理,你会感谢我吧?

泰　岂但感谢,感谢莫名。

苏　四面留神,恐防有非同志听见。他们是如此一流人,认为非双手可执者概不存在,把动作、变化与凡目所不能见者,一概排于存在范围之外。

泰　不错,苏格拉底,你所提这一流刚愎自用的人,正如其所　156
执着之坚挺抵拒的物体。

苏　童子,他们真是孤陋寡闻。另一流人高明得多,我要对你宣布其秘密:其第一义是一切唯动,这是我们方才所提种种现象的依据;动以外别无其他。动有两种,为数各无穷;一种具施的能力,一种具受的能力。两种动相交相摩而致无数成对的果,有如双生子——被知觉者及其相应而起的知觉。知觉有此类名称,如视、　B
听、嗅、寒觉、热感,又有所谓乐、苦、欲、惧以及其他;有名称者极

---

①　希腊宗教中虹之女神,为上帝及后之使者。

②　原文 Θαύμας 与名词 θαῦμα(译为"疑讶"或"可疑讶之物")同源于动词 θαυμάζειν(译为"疑讶"或"兴疑讶之感")。

　　陶马士之女伊里士为虹之女神,乃上帝及后之使者;荷马诗篇中言其职掌传达神与神之间的意旨并宣示神的福音于人。虹象征着开示启发人的智慧、使其走向光明之路。柏氏说伊里士不愧为陶马士之女,因他认为,人智慧的发展始于对所见所闻而起的疑讶之感;故有哲学始于疑讶(Philosophy begins with wonder)一说。

多,无名称者亦复无穷。各种被知觉者与各种知觉相应而起若比
翼连枝,如各种颜色与各种视觉、各种声音与各种听觉;其他被知
C 觉者及其蝉联的知觉一概如此。此故事与前说有何相关处,泰阿
泰德? 你想得出吗?

　　泰　不大想得出,苏格拉底。

　　苏　此故事或讲得完,且听下文分解:如方才的话,一切唯动,
无数成双之物尽在动中。其动有速有迟。物之动迟者,动拘于一
D 处、向其界内接近之物而发,如此而生其果。物之动速者,动不拘
于一处、而移迁转徙;所致之果亦复如此,因受震荡冲激而然[①]。
譬如眼睛与其适应之物相接,而在彼此相及的界内生白及其蝉联
的知觉;——眼睛及其适应之物若各与不适应之他物相接,此白此
E 觉则不会产生。发自眼睛的视力与发自蝉联而产色之物的白,二
者共趋中间一点,一方面,眼睛饱含着视力而见,非但成视力,成见
物的眼睛;另一方面,蝉联而产色的物也充满着白,非但成白,成白
157 的物,——无论一木、一石或任何白色的物。其他一切,硬的、热
的,等等,一概应作如是观:如以前所曾说,无物自生自在,一切形
形色色者皆生于动、而在彼此相交相接中;据说因为,不能把物之
施者与物之受者固定想象为各自存在。未遇受者,施者无存,未遇
施者,受者不在;而且,遇一物而为施,再遇他物却成受。由此种

---

　　① 　以上二句,原文晦涩,标点似亦有一处欠妥,故不能显其说明上文"其动有速有
迟"一语。周厄提、娄卜、康复尔德各本译文,或紧依原文字句,或稍加剪裁,终复令人
费解。独补翁本译文最善,兹转译以资参考:"动之迟者动于同一处所、向接近之物而
动,如此而生其果,果亦因此而较迟。反过来,动之速者向有距离之物而动,如此而致
其果,果亦因此而较速,缘其被激荡、其动亦在激荡中。"

种,可见无物自成一物,物物永与他物相对而变,如我们起初之所 B
云。"存在"必须取消干干净净;不必说,我们拘于习而蔽于愚,直
到此刻,时常沿用此名。据此派智者所云云,必不许用"某物""某
者"["属你"]"属""我","彼""此"与凡把原是变动不居之物说成静
止的种种字样;要依物性,说"变为""造成""毁灭""更新",等等。
吐辞而把变动之物说成静止不变,易于被人驳倒;于物无论单称统
举,一概不可如此说法,——统举如人类、石类、兽类及其他各生物 C
之品类。泰阿泰德,此说于你是否称心适意,如美味之于汝口?

泰　我不知道,苏格拉底;尚且不能辩明你是直抒己见,或是
有意试探我。

苏　朋友,你难道忘记,凡此种种,我一无所知,也不强作有
知;自己不会生育,只是为你接生,因此对你念咒,将各智者的肴馔
——请你尝过,直到引出你自己的意见为止。引出以后,我再检查 D
是否真胎,或一团气。请大胆、忍耐、确切、爽快,以你所见答复我
的问题。

泰　请问吧。

苏　再说一遍,这是否合于你的心意:无物存在,善的、美的、
所有方才所举的,——永处变中。

泰　听你如此叙说,觉得异常有理而须接受你所云云。

苏　不可遗漏所未尽的问题,如关于梦呓与病痛,其他尤其关 E
于疯狂,并关于引起错闻错见与种种错觉者。你可知道,此等现象
适足以推翻方才所持之说,因知觉之假莫过于此等现象所产生者; 158
而且决非凡显现于各个人者亦即真实存在,其实适得其反,此等现
象无一真实存在。

泰　说得千真万确,苏格拉底。

苏　童子,主张知觉即知识、显现于各个人者对各个人亦即真实界的存在,持此说者尚有置喙的余地吗?

泰　苏格拉底,我不敢说答不出,因你方才曾责备我以此为
B 辞。然而实在不能强辩,说发狂与做梦者不是想象假东西;——狂者或自命为神,梦者或在梦中自以为有翅而飞。

苏　你难道未曾注意关于此等现象类似的争论,尤其关于梦境与醒境的?

泰　什么争论?

苏　关于如此问题,我想你时常听人提的:若有人问我们此刻
C 是否睡着、所想即所梦,或者醒着、在醒境中交谈;我们有何证据足以判明?

泰　苏格拉底,真不知道以何证据判明,因梦境与醒境,如唱与和,一切相似。我们此刻的谈话,毫无证据足以判明其非梦中所谈;梦中自以为述梦时,梦境与醒境非常相似。

苏　你瞧,此事易起争端,甚至人生是梦是醒,都成问题。睡
D 与醒时间各半,在每一状态中,心里总是坚持当时的见地最真实;因此,在相等的时间上,承认梦境与醒境真实存在,对此二境同样自信。

泰　全对。

苏　除时间不相等外,同此论点岂不可加于病痛与疯狂?

泰　可以。

苏　那么,真实与否是否取决于时间之长短?

E 泰　那就处处成为笑柄。

苏　然则有无其他证据足以判明梦与醒、病与不病、狂与不狂等二境中的见地孰真孰假？

泰　我想无也。

苏　请听我讲，主张每显现于各个人者对各个人便是客观真实的诸公，关于此等现象如何说法。我想他们会提如此问题："泰阿泰德，完全异于其他者能否在某方面与其他有相同的作用？注意，所指的二物并非有同处、有异处，乃是完全相异。"

泰　若是完全相异，便不能在作用上或其他方面有相同处。 159

苏　是否亦须承认，如此二物亦不相似？

泰　我想亦须承认。

苏　物若变成与己相似或与他物相似，则变为相似谓之变为相同、变为不相似谓之变为相异？

泰　必然。

苏　我们以前不是说过，物之施者为数多至无穷，物之受者亦复如此？

泰　说过。

苏　不是也说过，物之施者与物之受者，在各别的遇合中，致果不同而异？

泰　说过；势必如此。 B

苏　以同样说法加于你我或任何物，譬如说健的苏格拉底与病的苏格拉底，二者相似不相似？

泰　你说病的苏格拉底与健的苏格拉底，是指整个病的与整个健的吧？

苏　适符吾意，我是指此。

泰　那么,我想不相似。

苏　既不相似,便是异了?

泰　必然。

C　　苏　对睡眠中或方才所举种种状态中的苏格拉底,是否可用同样说法?

泰　可用。

苏　物在本性上能起施的作用于他物者,遇着健的与遇着病的苏格拉底,以苏格拉底为各异的对象?

泰　安得不然?

苏　在我身体上的两种状态中,受的我与施的物相遇而致各异的果?

泰　当然。

苏　我健时饮酒,酒显得芬甘可口?

泰　对。

D　　苏　根据以前我们所同意的说法,施者与受者遇合、同时并动,而致芬甘与芬甘的知觉,——二者并在相交相接的动中。一方面,知觉起于受者,使舌成为知觉者;另一方面,芬甘发于酒、布满酒中,使酒对健者之舌不但显得,而且实是,芬甘的酒。

泰　确是我们以前所同意的。

苏　酒遇着病的我,实际上是遇着另一而非同一的人吧? 因其遇着与健时不相似的我。

泰　对。

E　　苏　病的苏格拉底与一口酒遇合而生另一结果:舌上的苦觉与发动于酒而达于舌的苦味。一方面,酒不是苦味,而是苦酒;另一方面,我不是知觉,而是知觉者。

泰　正是如此。

苏　然则,(一)我对他物绝不会成为恰恰如此的知觉者;因其他知觉起于他物及其即时即境所遇合的人,他物与我遇合,物既非故物、我亦非故我,所起的作用迥异,我亦迥然成为另一知觉者。其次,(二)与我遇合而起作用之物,与他人遇合,绝不起同一作用而致同一的果、而成同一性质之物;因其既与他人遇合而致他果,必成另一性质之物。

泰　是如此。

苏　复次,(三)我不能独自有此知觉,物也不能独自有此性质。

泰　不能。

苏　我成知觉者,必是对某物的知觉者,因知觉不能对无物而起;成甘、成苦,或任何类似者,亦必对于某人而成如此这般,对无人的甘苦绝无其物。

泰　全对。

苏　我想只有一个结论:物与我,施者与受者,无论存在或变为,必是彼此相对相关;必然律使物与我的存在即时即境彼此相羁束,不各束于他物,不各羁于自己;因此,物与我唯有即时即境彼此相束相羁[①]。然则,说一物存在或变成,必须指明其为某、属某、对某;物自在自变的话,已不应说,亦当不许人说。我们方才所叙述

───────────

①　本句第二、第三分句意思是说:物遇他人,不能呈同此性质;我遇他物,不能起同此感觉。物与我俱不能独自致果:物不与人接,不能呈某种性质;人不与物接,不能起某种感觉。

的学说,其归宿如此。

泰　极对,苏格拉底。

苏　施于我者既是对我而不对人,便也唯我有其知觉,他人绝无。

泰　可不是!

苏　那么,我的知觉对我是真实的,因即时即境我所遇合而引起我的知觉之物,其为物和我相对相关、与我的存在片刻不能分离、是我的存在必不可缺的一部分;而我,如普罗氏所云,是判断人,断定对我存在者存在、对我不存在者不存在。

泰　似乎如此。

苏　我既是正确的判断人、胸中对存在或变成的物既不会差
D 错颠倒,对所知觉者焉至于无真知灼见而不成知识?

泰　绝不至于。

苏　所以你说得满对,知识只是知觉。根据荷马、赫拉克利特,及其同调们,万物动如流水;根据大智者普罗塔哥拉,人是一切的权衡;泰阿泰德承前贤之绪,知觉便成了知识;——真是殊途而
E 同归、百虑而一致。难道不是如此,泰阿泰德? 我们是否可说,这是我为你接生的新婴儿? 足下于意云何?

泰　势必同意,苏格拉底。

苏　好费气力,婴儿出世了;且慢问什么孩子。生出以后,要替他举行绕灶典礼①,以四方八面的论点仔细检察,所生是否值得

─────────────

①　古希腊风俗,生子数日洗儿之后,乳母抱儿绕灶数周,义取谒见家中之人与神。(取义略似中国新妇谒见祖先舅姑庙见之礼。)是时为父决定抚养此儿与否,或并为之命名。夜则开宴会亲。

抚养,或者只是一团气胞的假胎。你认为凡你所生不可遗弃而必 ₁₆₁
须抚养;或者经得起看他受检查,有人把你的头胎爱子取而弃之,
还不至于大恼大怒?

德　泰阿泰德经得起,苏格拉底;他的脾气绝不暴躁。请你对
着诸神说,这一套理论究竟错了吗?

苏　德奥多罗,你真善良而好理论,以为我是辩囊,信口吐辞
足以推翻前说。你不明了经过情形,这些理论无一出于我,出于与 _B
我交谈者;我一无所知,区区能事止于抛砖引玉,平实地向有智慧
者领教其言论。现在对他就想如此,自己无可建白。

德　你说得更中肯,苏格拉底;就这么办罢。

苏　德奥多罗,你可知道我对贵友普罗塔哥拉所感诧异者何在?

德　感何诧异? _C

苏　他主张凡对各个人似然者亦即诚然存在,此说其他方面
我极满意,只对其开场白感觉诧异:他在《真理》一书的开宗明义却
不说,一只猪、一个狗头猿,或其他有知觉的怪兽,是一切的权衡;
开场,他尽可昂然慢然呵责我们于无佛处称尊,表示不屑于我们因
其智慧钦之如神,其实他的智力并不强于蝌蚪,更无论强于任何 _D
人。德奥多罗,我们如何为他解嘲? 如果由知觉所达到的见解对
各个人并皆真实,鉴别切身之感、人莫如己,检查我见之真伪虚实、
唯我最为合格,而如前所常云,人人各自形成己见、无有不确不真;
那么,朋友,普罗塔哥拉焉能称智、堪为人师而享优束,我们何以见
得较愚、必须受业于他门下,——人人既是自己智慧的权衡? 我们 _E
焉得不以其言为媚世而玩世的谐谑? 在我,关于接生术与整个辩
证术,却绝口不作诙谐之语。普罗塔哥拉的《真理》若是真理、此书

162 内殿所传的福音若非戏言,则各个人的意念与见解对各个人并皆真实,彼此检查辩驳岂不迂阔而枉然?

　　德　苏格拉底,如你方才所云,此公是我友;我不愿因同意于你而驳他,也不愿作违心之言反对你。请你再找泰阿泰德,方才他与你问答满合拍。

　　苏　德奥多罗,你若到辣克带蒙①角力场,请问应否尽看他人
B 裸裎,眼见有献丑者,自己却不肯解衣与人一比体格?

　　德　有何不可,若蒙他们原谅?现在就想请你原谅,许我旁观,莫强拉老而僵者登场,只与年少轻捷者角力。

C　　苏　好罢,德奥多罗;于你为称心,在我谓之成人之美。现在必须重复转向有智慧的泰阿泰德。泰阿泰德,先就方才所云,请说你我是否不会同感诧异,如果突然发现你的智慧毫不亚于任何人,甚至任何神?你想,普罗塔哥拉所谓标准,于神于人有何差别?

　　泰　指着上帝说,我想并无差别。你发此问,使我愕然不知所
D 答。凡对各个人似然而信以为然者于彼亦即诚然存在,此说,我们研究其意义时,在我觉得很对;现在忽然变成相反了。

　　苏　可爱的童子,你年轻,容易听信流俗言论。关于此问题,普罗塔哥拉或其代言人会振振有词地说:"高明的老少诸君,你们联席当众大放厥词,尚且引进神来,其存在与否,我所存而不论、搁
E 诸言语文字之外者。你们曲学阿世,耸动大众听闻,说人的智慧若无以异于畜生,则不胜其离奇怪诞;然而并不提出任何必然的论证,但用或然的语调。德奥多罗或任何其他几何学家,若用此等语

---

　　①　原文为 Λακεδαίμων,拉丁文 Lacadaemon,即古希腊强盛一时的斯巴达(Σπάρτη)。

调讲几何,恐怕一文钱也不值。你和德奥多罗可要考虑,关于如此　163
重大问题,是否接受或然与疑似的言论。"

　　泰　苏格拉底,果然不对;你,乃至我们,都不至于说对。

　　苏　那么,依你与德奥多罗的意思,我们似乎要从其他方面着眼。

　　泰　一定要。

　　苏　从此着眼,看知识与知觉是同是异。我们以前的话全是
针对此点,为此问题引起如许怪论。是不是?

　　泰　全是为此问题。

　　苏　我们是否同意,凡视听所见闻者亦即同时知之? 譬如未　B
学外国语,便不闻外国人言语之声,或者闻其声并知其所云? 又如
对所不识的字,虽视不见,或者既见且识?

　　泰　苏格拉底,我们只知所见所闻的部分:见而且知文字的形
色,闻而且知语音的高低。至于蒙师之所讲解、舌人之所传译,其　C
字义语意,却不能以视听觉而且知。

　　苏　好极了,泰阿泰德;此问题姑且存而不论,留待你长进而
自己解决。可要注意,另一问题又来了,看我们如何应付。

　　泰　什么问题?

　　苏　如此问题:知一物而记得,记得此物时却不知此物;这是　D
否可能? 也许我的话稍嫌累赘,意思只是:谙习一物而记之在心,
能否不知此物?

　　泰　怎能不知,苏格拉底? 所云莫非怪象。

　　苏　难道我说废话? 瞧,你不是说,视是方觉、见已成觉?

　　泰　说过。

　　苏　根据方才所云,岂不是见一物即知其所见之物?　　　　　E

泰　是的。

苏　你承认有记忆这东西吧？

泰　承认。

苏　关于无物的记忆，或关于某物的记忆？

泰　当然关于某物的记忆。

苏　关于所谙习所知觉之类事物的记忆吧？

泰　还会关于别的？

苏　所见有时记得？

泰　记得。

苏　闭目也记得，或是闭目便忘？

泰　苏格拉底，说闭目便忘，真是离奇。

164　苏　维持前议，必须云然，否则前议何在？

泰　指着上帝说，我也怀疑，却看不清，请言其故。

苏　其故在此：根据前议，见则知其所见，因见即是知、知觉与知识同物。

泰　无疑。

苏　见而知其所见，闭目记得，却见不得。是不是？

泰　是的。

B　苏　然而，见若是知，不见则不知。

泰　对。

苏　然则结果如此：既知而且记得，不见便成不知。我们说过，是乃怪象。

泰　千真万确。

苏　说知识与知觉同物，必达不可能的结果。

泰　似乎如此。

苏　那么必须说二者各异。

泰　似乎必须。

苏　然则知识毕竟为何？似乎又要从头说起。可怎么办，泰 C
阿泰德？

泰　怎么办？

苏　我们好比斗鸡，劣鸡搏斗未及胜利而弃敌长鸣喔喔，我们
讨论未明是非而离题自喜沾沾。

泰　何所指？

苏　我们似乎如雄辩家之但求字面一贯，以诡辞操胜算而心
满意足；自命为爱智者而非争胜的辩士，作风却无意中如彼辈之机 D
巧诡谲。

泰　我还不懂你的意思。

苏　设法说明：我们曾问，谙习一物而记之在心，能否不知此
物？指出了不能不知，也指出了见物后闭目不见此物而记得；然后
再指出不可能记得一物而不知此物①。于是乎，普罗塔哥拉的故
事、足下知识与知觉同物的故事，其为妄诞一也。

泰　似乎如此。　　　　　　　　　　　　　　　　　　　　　E

苏　朋友，前一故事之父若犹在世，我想不至于此；他也许会
多方反驳。如今我们欺凌其孤；甚至普罗塔哥拉所留的托孤者，在
座德奥多罗便是其一，也不肯挺身救护。为公道起见，我们自己要

---

①　此句论证如此：记得的不能不知；不见而记得，便是知得；因此，记得而不知，是
不可能的。

当仁不让。

德 苏格拉底,托孤者不是我,倒是希彭尼恪士的公子卡利亚
165 士;我早就倦于玄谈而转向几何。然而我仍会感谢你,如果你肯仗
义执言。

苏 说得好,德奥多罗。请看我如何救援令友之孤。用字若
不留心,如通常在论证上立与破的用法,结果会比方才的更离奇。
此理要对你说明,或者对泰阿泰德?

B 德 对大家说明,可要让年少者答问题,年少者答错了不至于
太献丑。

苏 现在我提出最大的难题,大略如此:同一人能否知一物而
同时不知其所知之物?

德 我们如何答此问题,泰阿泰德?

泰 我想不可能。

苏 非不可能,若以见为知。譬如你禁锢于所谓陷阱之中,蛮
C 横者遮住你的一眼,问此眼遮后能否见其外衫;在无可奈何中,你
将如何应付此难题?

泰 我想要说,此眼不见而彼眼见。

苏 那么,你岂不是同时亦见亦不见同一物?

泰 只在某种方式下。

苏 他要说:"答非所问,我并不问在何种方式下,但问你是否
知所不知。此刻你显然见所不见;你也曾承认,见是知、不见是不
知。据此,请推测结论如何。"

D 泰 我推测结论与前提冲突。

苏 我的妙人,你或将愈感同样困难,若有人步步追问:知同

一物,能否又锐又钝、又猛又温、近知而远不知? 一旦你主张知识与知觉同物,以舌战取资的打手,武装着成千成万此等问题,乘隙 E 向你进攻;还要涉及听与嗅一类的知觉,——加以考问,直到你五体投地、引颈受缚;你既受缚而唯命是听,然后商定数目,许你纳款取赎。你想普罗塔哥拉以何辞再接再厉自圆其说? 我们是否要代圆?

泰　一定要。

苏　我想,我们为他辩护的话,他俱能出诸己口,而且向前慢 166 然蔑然对我们说:"德高望重的苏格拉底吓孺子的听闻,问同一人能否同时记而不知同一物;孺子吓慌了,不能预料后果,给否定的答案,于是以我为谈笑之资。轻薄的苏格拉底,情况如此:你用问答检查我的学说,被问者答如我所欲言,被驳倒就算我被驳倒,否 B 则他被驳倒,与我无干。譬如,你想有人会承认,过去的感受在目前记忆中仍同当时的感受? 大不然。或者你想他不敢承认,同一人可能亦知亦不知同一物? 他若对此踌躇,肯否承认,人变与未变相同? 或者,为免彼此在字面上取巧,我们说,他认为一人总是一 C 人,即使日新月异而岁不同,不会变成若干人以至无数人?"他要说:"有地位的人! 请用较光明正大的态度针对我本人的话。有本事,请证明,无有对各个人特殊的知觉;或者证明,知觉即使特殊,所显现于个人者,亦不仅对个人变为如此,或'是'如此,——倘必欲用'是'字。你提到猪与狗头猿,不但自己像猪,尚且引诱听众如此对待我的著作,此等作风不高明。我说,真理如拙著所云:人人 D 是存在与不存在之物的权衡;彼此间无穷高下的差别正在于,显现并存在于此者异于显现并存在于彼者。我绝不主张无智慧其物并无智者其人,我所谓智者,能变化人,使好事物,不使坏事物,显现

E　于人并对人存在。莫对我的话咬文嚼字,要更明确了解我所说明
　　的意义。回想前所云云:食物对病人显得苦、是苦的,对健者适得
　　其反。无须,亦不可能,分别二人孰智孰愚,不必以病人尝食而断
167　其苦、便诮他愚,也不必以健者尝食而断其甘、便称他智;必须在体
　　格上以健康易病态,因健康胜于病态。同样,在教育上,亦须变化
　　坏气习为好气习;医生以药物致变,智慧之师以言语致变。谁也不
　　能使想假事物者转而想真事物;因不可能想不存在之物或感受以
　　外之物;而所感受莫非真实。我相信,人因坏气习而起相应的恶
B　念,好气习能使他起相应的善念;此等相应而起的新气象,浅见者
　　称之为真,我则谓之较胜于旧者,断非较真。亲善的苏格拉底,我
　　绝不讥智者为蛙;其智有关人身,称之为医,有关树艺,呼之曰农。
　　树木禾稼有病,农人去其丑劣虚弱之态,易以优美健实之姿;品高
C　智优的说士为国家社会树立正确观感,使好事物代坏事物似为正
　　当。凡对一国似为正当完善者,一旦此国信以为然,于彼亦即诚
　　然;智者每遇于国不良的事物,便以良者易之,使其似为而且实是
　　良者。同此理由,智慧之师能如此教导徒弟,亦即堪以称智,无愧
D　享受优束。在此意义下,有人智慧较高,无人有假念头;不论你情
　　愿与否,必须承认是个标准。我的理论就此颠扑不破,你能根本反
　　驳,请提反面论证。要用问答法,请用;有脑筋者不应逃避此法,应
E　当追求过于一切。用此法应如此:发问切要公平;口头尊重道德,
　　处处不作持平之论,矛盾莫过于此。不公平处在于诡辩与讨论不
　　分:诡辩尽可以滑稽语调彼此倾轧;讨论却须认真,以规过之诚使
168　对方得闻己过,或过之出于朋游之薰染者。如此行事,与你交谈者
　　会引咎自责其昏迷错乱,不至归怨于你;会登门求好,自惭形秽,舍

己而皈依哲学,以期一变而非故我。反其道而行之,如众人之所
为,则后果适得其反:不能使从游者爱慕哲学,及其年长,反而厌 B
恶。你受我劝,便莫刚愎好胜,虚怀想我苦口之言,认真研究我等
所谓一切尽在动中、凡对各小己各国群似然者于彼亦即诚然存在,
此说涵义究竟如何。由此进而考虑知识与知觉是同是异,不至仍 C
如庸众之立名用字一依俗义,东扯西拉,而致彼此不胜其惑。"德奥
多罗,我能力薄弱,尽其区区援助令友不过如此。他若在世,支持
其徒子徒孙必更冠冕堂皇。

德　笑话,苏格拉底;你援助此公已如盛年人之豪壮。

苏　过奖过奖。朋友,你可曾注意,方才普罗塔哥拉如何责备
我们向孺子飞辩骋辞、以花言巧语趁其小胆攻击他的学说;他自负 D
其万物权衡之说,劝告我们认真研究?

德　何尝不注意,苏格拉底?

苏　然则如何? 是否要受他劝告?

德　一定要。

苏　你瞧,在座你我之外都是孺子。受他劝告,就要你我对问 E
对答,以示认真,庶免责备我们对孺子骋辞、以研究他的学说为儿戏。

德　何必要我? 钩玄穷理,泰阿泰德岂不胜于许多长须的老者?

苏　可不胜于你,德奥多罗。休想我要为令亡友面面援助,而 169
你袖手旁观。来罢,好人,随我走几步,到我们能于确定,应以你为
构形的权衡,或者人皆如你,对你所特长的几何天文,等等,个个堪
以自作权衡。

德　苏格拉底,坐你身旁,欲免发言可不易,方才枉费口舌求
饶、请你莫效辣克带蒙人所为,强我卸衣上场。我觉得你逼人之甚

B　有如士器伦①。辣克带蒙人尚且许人或卸衣或离场；你的作风却
似安台恶士②，近则不得脱，直至倾怀如卸衣、与你决论战的胜负。

苏　德奥多罗，你的譬喻直指我的症结；然而我倔强过于他
们。我曾遇无数雄辩的海拉克类士③与赛西务士④，几乎断头破
脑，却毫不退缩；此种苦役在我已成癖嗜，无法解脱。莫辞与我一
C 交论战之锋，彼此都有益处。

德　我已无辞可复，唯君呼叱而东西之。被你考问，我的命运
全操于你，唯有俯首帖耳听你安排。越你所划界限，恕不唯命是听。

D　苏　达此界限已足。请特别留心，切莫无意中作儿戏的论调，
以免重贻口实。

德　极力留心。

苏　第一步，旧话重提：其说主张人人智慧自足，我们不以为
然而加以指摘，此举是否公平合理？普罗塔哥拉是否曾经承认，关
于好坏问题，有人胜于他人，即此便是智过于人？

德　他承认过。

E　苏　若是他本人在座，并非我们为援助他而代他承认，就无须
旧话重提、再三叮咛。然而此刻或许有人指摘我们何所依据代他
承认。他的本意是否如此，所关不浅；此点不如约束明白，以免毫

---

①　希腊古之大力士，近之则被袭击、抛于悬崖绝壁之下。

②　极凶狠的大汉，遇行人则强之角斗。

③　古希腊最著名的豪杰，具雄姿伟略，征服许多国家民族；其筋力之盛，且能格杀
猛兽。安台恶士被他夹扁在腋下而死。

④　古希腊稗史中的大英雄，铲除不少强盗、恶汉（士器伦即其一）、妖怪之类，为觅
金羊毛（Golden fleece）远征诸英雄之一。

厘千里之差。

德　你说的对。

苏　现在我们不假手于他人的传说,只据他本人的话,简简单 170
单约束明白。

德　如何约束?

苏　如此约束:他不是说过,凡对各个人似为真实者于彼亦即
实是真实?

德　他是说过。

苏　普罗塔哥拉,我们也诉诸个人的意见,——与其谓之个人
的,毋宁谓之人人的;人人的意见,就是于彼似为真实亦即实是真
实者[①]。人人的意见如此:己有智过于人处,人有智过于己处。人
当极危殆关头,如临阵、患病、航海,往往仰赖领袖如神、视若救星,
只因其智过于己。举世不外两批人:一批为己、为众生、为事业、求
君求师;另一批自以为堪作君师。据此,我们安得不说,人类自信
有智愚之差?

德　安得不说。

苏　人人相信,智是真思想、愚是假意见?

德　可不是。

苏　然则,普罗塔哥拉,我们应如何对待你的学说? 是否应
说,人的意见恒真,或者时真时假? 无论如何,不会全真,有真有
假。德奥多罗,且看,你自己或普罗氏之徒是否敢坚持,无人以他

C

---

①　此语对普罗塔哥拉含讽刺之意,因其承认人人的见解并皆真实;——如此语调
盖所谓以子之矛攻子之盾。

人为愚、以他人的意见为假？

德　不信有人敢坚持，苏格拉底。

D　　苏　然而，以人为万物的权衡，归宿必至于此。

德　何以见得？

苏　你自己判断一事，并将对此事的意见告诉我；依普罗氏之说，承认你的意见于你为真。在座其他是否不能对你的判断作判断，或者总是判断你的意见为真？岂不是有亿万人每持与你相反的意见、以你的判断你的意见为假？

E　　德　对着上帝说，苏格拉底，诚如荷马所云何止亿万人①；他们把一世的纠纷尽归于我。

苏　怎么？你是否肯让我们说，你的意见于你本人为真、于彼亿万人为假？

德　结论似乎必至于此。

苏　普罗塔哥拉将何以自处？个人权衡之说，若是举世无人肯信，甚至他本人也信不过，然则他所著的《真理》，岂不必至于对
171　任何人皆非真理？若是他本人信而举世不赞同，你可晓得，第一步，非的程度过于是的程度，正如不信的人数多于信的人数。

德　是非若依各个人的意见，结果必至于此。

苏　第二步的结果更是妙不可言。他既承认人人的意见为真，便不得不承认反对者的意见为真；而反对者的意见以他的意见为假，然则他的个人权衡之说便即是假。

德　妙不可言。

─────────────

①　见《奥德赛》，XVI，121；XVII，432；XIX，78。

苏　他若承认以他的意见为假意见者之意见为真，岂不就是 B 承认自己的意见为假？

德　必然如此。

苏　然而对方不自认其意见为假？

德　不自认。

苏　根据他的著作，并亦承认对方此意见为真。

德　显然。

苏　然则，一旦普罗塔哥拉承认反对者的意见为真，包括他本人在内的圆颅方趾之伦都要群起而责难；众议汹汹，孤掌难鸣，他 C 竟至于不得不自承，一犬或一人对所不习之物并非权衡。是否如此？

德　是如此。

苏　普罗塔哥拉的《真理》既为人人所责难，则对任何人，甚至对他自己，俱非真理。

德　苏格拉底，你我对敝友太苛刻了。

苏　朋友，并不见得超过合理范围。他较享高年，智或过于我 D 辈；此刻若从地下伸出头来，尽许备责你我，责我喋喋言之无物，责你蒙蒙随声附和，然后缩颈溜之大吉。然而我想，我们必须自尽区区能事，不惮烦而直抒其所见。现在是否应说，任何人都要承认，有人较智、有人较愚？

德　我想应说。

苏　是否也要说，普罗氏之说在我们相助引申的意义下最能立足，即多数物对各个人似然者于彼亦即诚然，如炎、燥、甘、苦之 E 类？他倘肯承认在若干方面人有优劣之差，则于健康疾病等事，也

许肯说,妇孺或有关动物未必悉解卫生、能医己病;彼此如有优劣
之差,岂不即在于此?

德　我想是如此。

苏　其次,普罗氏之说主张:凡事关国群,如善恶美丑、是非曲
直、虔敬亵慢,等等,一国国论所认为如何而著于律令者,对此国实
是如何,小己与小己之间,国群与国群之间,无较智较愚之可言。
至于为国兴利除弊,在此方面,其说承认,事实上,谋国者有善谋不
善谋之差,国与国有得计失计之别,绝不敢武断说,一国所认为有
利的制度,其效尽如期。然而,在我所云是非曲直、虔敬亵慢等
范围内,有人却要坚持,此等事一概出于人为、本不存于自然界,众
所公认时,此时便是真的,一旦为众所公认,一旦是真的;持说不尽
同于普罗氏者,其为说如此。唉! 德奥多罗,一说又一说,繁以代
简、深以继浅,压倒我们了。

德　我们不是有暇得以自遣吗,苏格拉底?

苏　显然有。好朋友,我以往与现在常觉得,难怪在哲学上消
磨岁月者上法庭说话往往贻为笑柄。

德　你出此言何所谓?

苏　自幼奔走法庭等地者与出身于哲学之类的研究者相比,
正如家奴与自由人相比。

德　怎样比?

苏　这样比:如你所云,自由人总有闲暇得以自遣,彼此从容
谈话。譬如我们一说又一说,此刻已及第三说;他们亦复如此,随
兴之所至,新说继旧说,只要达到真理,不计言语短长。出入法庭
者说话总是仓皇急遽;漏壶的水催促着,不容尽所欲言;反对造在

172

B

C

D

E

旁牵掣，宣读所谓誓书①的诉讼或答辩大纲，申说不得出此范围。
他们总是向高坐而手披状词的主人翁，与同辈奴才辩曲直；案件从 　173
来不关别事，总关自己，往往为性命所系。由此种种，他们变成精
悍狡黠，善用言语行动迎合主人以结欢邀宠；而心术猥屑不正，因
自幼奴隶生涯抑勒其性灵发展、汩没其天真、剥夺其自由、逼之趋
于邪途。他们春笋般的性灵遇着千危万恐，不能以正义与真诚相
抵挡，于是立转虚伪，养成以怨报怨的心情。其性灵备遭磨折、受
尽压迫，自幼及长，无健全念头，只是自以为巧、自以为智。他们既 　B
是如彼，德奥多罗；要否也把我们一流人的特点说一遍，或者言归
正传，以免滥用方才所云随意闲谈的自由。

　　德　要说一遍，苏格拉底。你的话很对，我们这流人不为言论 　C
奴役，言论却为我们奴役，每一论点要等我们兴尽才予结束；既无
法庭上的判官监督，又无戏台下的观众褒贬。

　　苏　你既要说，就说首要的哲学家，其猥屑者不足挂齿。第一
层，他们自幼不识市场的路，不知法庭、议会或其他公共会场之所 　D
在；法律、政令，无论宣读或见于文告，一概不闻不睹；政党之争权
位、会社之广招摇、宴饮之乐、声色之娱，并亦梦想所不及。社会上
孰贵孰贱、谁的劣性出自父系或母系祖先之遗传，凡此等事，对于
他们，如谚所云，较之海水多寡尤不关怀，甚至于不自知其不知有
此等事。他们高寄远引，并非好名，实则但寄形骸于国土，其心视 　E

---

　　①　依古希腊雅典审判手续，两造分别提出书面的诉讼辞答辩辞，并各对其所提之
辞宣誓。两造所宣誓者统称为誓书($\delta\iota\omega\mu o\sigma i\alpha$)；原告所宣誓者谓之正誓书($\pi\rho o\omega\mu o\sigma i\alpha$)，
盖以誓证明其所诉之真实；被告所宣誓者谓之反誓书($\alpha\nu\tau\omega\mu o\sigma i\alpha$)，盖以誓反证原告之
诬枉。

此一切若无物。他们游心于六合之内、八方之外,如聘达洛士[①]所
云:"上穷玄穹、下极黄泉",仰窥天象、俯测地形,遍究一切物性、而
174　求其真其全,从不肯降尊到肤近的俗事俗物。

　　德　　此言何谓,苏格拉底?

　　苏　　譬如,德奥多罗,相传有个伶俐的图拉塔地方的侍婢,当
泰勒斯[②]仰观天文、失足坠井时,揶揄他专注迢迢河汉之间,而忘
B　却近在脚旁之物。同此嘲笑可加于所有穷年累世研究哲学的人。
此流人非但对比邻的事漠不关心,甚至比邻所居是人与否都不分
晓。然而,人是什么、人性所固有施与受的能力之别于其他物性者
何在,此等问题,研究而不惮烦地研究。明白不明白,德奥多罗?

　　德　　明白,你说的是实情。

C　　苏　　朋友,据前所云,则如此哲人,无论在公私场合,法庭或其
他地方,被迫而谈目前或足旁的俗事俗物时,不但为图拉塔女子所
揶揄,而且为众所取笑,因其不晓事致于坠井、陷于种种困踬,其状
狼狈不堪、直似笨伯。在彼此诟骂的场合,他不能反唇相稽,因其
不问事而对他人的劣迹一无所知;唯有彷徨失措的痴态令人捧腹。
D　在自诩与诶他的场合,其率真的鄙笑复为众目所注而貌似轻浮浅
薄。闻暴君虐主被人歌功颂德,若闻猪牛羊等牧人受贺得乳丰;认
为暴君虐主之所牧而榨取其膏脂者,较之猪牛羊等畜,为刁黠难

---

　　①　古希腊诗人。此似引自其佚诗;其佚诗有句曰:"汝其以各半之生涯,上穷玄
穹、下极黄泉,而游居寝食乎是"。

　　②　希腊哲学的鼻祖,因其为第一人摆脱神话、在自然界中求宇宙万物的起源。他
认为:水是万物的原素,万物起源于水、复归于水;物质从一种状态转化为另一种状
态;——故其哲学体系是原始的唯物论。他在数学、天文、气象、物理、各方面都有相当
研究。他是古希腊七贤(The Seven Sages)之一。

制,君主闭于深宫,如牧人守在山谷,为万几所迫,其残酷蛮横,势 E
必不亚于牧人。听说有人富逾万亩土地,觉得微不足道,因其眼界
笼罩四海九州、心境囊括方舆大地。历举七代富豪以颂人家世之 175
盛,他以此为短见浅识,因不学无术而不能见其全,不知人人有亿
万代的祖先,其中当然有无数富翁与乞丐、君主与奴才、希腊种人
与蛮夷族类。有人自夸其二十五代的世系、追溯到安非图吕翁之
子海拉克类士,其人见地于他显得异常狭窄,讥其狃于无谓的虚荣 B
心,不知安非图吕翁以前,有第二十五代的祖先,更前,有第五十代
的,都不过命运所安排的如许人。以此种种,哲学家为世所奚落,一
则因其形似玩世不恭,再则因其不晓目前俗事俗物、处处张皇失措。

德　你说的全是事实,苏格拉底。

苏　然而,朋友,若把谁负谁的问题提高到义与不义本身,研 C
究二者各为何、其彼此的区别及其与他物的区别;或把贵为君王与
富有四海之乐提高到为君之道与人类苦乐之通义,研究二者本质
上各为何、人性如何趋乐避苦;关于此等问题,胸怀褊狭而刻毒的 D
讼徒若是被迫而吐辞,则事态倏然翻转:他一旦高悬,凭空一望,见
所未曾,于是头昏脑涨,心慌意乱,言语讷讷。如此状态不见笑于
图拉塔女子或其他不学无术者,他们看不出;却见笑于凡与奴隶出
身相反的人。德奥多罗,这是两流人所各有的特性:其一真正生长
于自由与闲暇中,你所谓哲学家;他若屈操皂隶贱役,却莫怪其貌 E
似笨拙无用,譬如不会绷铺盖被、不会调味、不会承奉。其他伺应
此等事伶俐而细巧,却不能披斗篷如自由人的姿势①,更不能对神

---

①　古希腊雅典人考究披斗篷的姿势,以此而见出身贵贱、自由人与奴隶雅俗之分。

176　与人之真正幸福生活致雍雍中节的颂词。

　　德　苏格拉底,你能以说服我者说服一世,则人类和平多而罪恶少。

　　苏　然而,德奥多罗,人世恶莫能除,永必有物与善相反;恶不
B 存于神境,却必往来于此生死界中。因此,我们必须尽速逃此世而
趋彼世。欲逃此世则须力求肖神,肖神则在于正直、清净,而加之
以智慧。朋友,颇不易使人信,须要去恶就善的原因非如世人所谓
C 求似君子、莫类小人;我想这是老生常谈。且听我讲去恶就善的真
正原因:神无处不正直,正直之极;最肖神者莫过于尽正直之能事。
人的智愚贤不肖就在于此。明乎此者是真正的贤智,昧乎此者是
D 显著的愚不肖。其他貌似明智者,握政权则为庸主,操技术则为鄙
夫。对不正直而言行慢神者,莫如不容其以取巧为明智;此等人,
责其取巧、以责为荣,讥其素餐、以讥为誉,不悟其为食毛践土之蟊
贼①,自负明于应世接物之良图。老实说,他们自诡其非如许人,
而愈是如许人。他们不知不义之罚,最不应该不知。此罚并非其
E 所想象之鞭笞与死刑;鞭笞与死刑,犯人尚能幸免,此罚却无可逃。

　　德　此罚何罚?

　　苏　朋友,存在中有二型:其一属神,极乐;其他,神之所弃,极
177 苦。他们无见于此,因其冥顽不灵,不自知因行不义而日近第二
型、日远第一型。他们所受的罚在于过着第二型所应有的生活。
若对他们说:弄巧不辍,身后不见纳于纯洁无瑕之境;在此人世永

---

　　①　"食毛践土之蟊贼"袭荷马诗句的语调,见《伊利亚特》,第 18 章第 104 行;《奥
德赛》,第 20 章第 379 行。

不能摆脱其故我,恶人与恶人总是一丘之貉;他们如此刚愎自用、无法无天,此等苦口之言,于彼有如东风吹马耳。

德　诚然,苏格拉底。

苏　朋友,我深知其然。他们有个特点:在私人场合,如其必须提出论点并听取论点、与人辩难反对哲学的原因,而且亦不畏缩、敢于挺身周旋以至移晷;那么也怪,我的朋友,他们终于不满自己的论点,竟至舌僵口噤、辩才枯竭,无以异于小儿之咿哑。这些都是枝词蔓说,请止于此,否则题外新波掩盖题内旧浪。你若同意,回到本题。

德　苏格拉底,题外话听来有趣,老耄如我反觉易解。你既无意再说,我们言归正传。

苏　方才讨论到此而止,我们曾说:主张动为物性之常、对各个人似然者于彼亦即诚然,持此说者在各方面都要坚持,尤其关于是非曲直,对一国似然而著为律令者,在执行期间,于此国亦即诚然曲直是非的标准;然而关于利弊问题,却无人敢坚持,凡一国以为有利而定的制度,在遵守期间,确是有利,除非务名而不顾实。务名不顾实是以讨论问题为谐谑,是不是?

德　显然是。

苏　然则不应务名,要顾名下之实。

德　对。

苏　国家立法,总想名至而实随之,立法的本旨在此;而且尽其所知所能,制定于己最有利的律令。或者国家立法别有目标?

德　绝无其他目标。

苏　其效尽如所期,或者时常亿而不中?

178

德　我想时常亿而不中。

苏　但凡问题关于利弊之类的事,人人更要承认此点。利弊
之效有待将来;立法为图日后便利,图日后正是所谓有待将来。

B　德　当然。

苏　来,请问普罗塔哥拉或其同调:普罗塔哥拉,据你们说,个
人是一切的权衡,是白的、重的、轻的,与凡此类事物的权衡;个人
有判断此等事物的标准在心,断如所感,所断于彼便是诚然实然。
是否如此?

德　是。

苏　我们还要问:普罗塔哥拉,是否个人亦有判断未来事物的
C　标准在心,而期之未来者日后于彼果如其所期? 例如某君想自己
将发热,而医生不以为然;我们认为谁的判断将证实? 或者二人判
断并将证实:对医生,某君不发热;对某君自己,发热?

德　那可成了笑话。

苏　然而我想,关于酿酒将来成甘成苦,酒翁的判断可靠,琴
师的不可靠。

德　当然。

苏　关于新制乐谱,乐工判断将来演奏时于体育教师是否和
谐悦耳,胜于体育教师自己判断将来于彼如何。

德　一定胜于。

苏　筵席尚在预备中,赴宴宾客若不娴于烹调,对酒食滋味的
E　估计不如庖丁。苦乐之感之于各个人,其已往与现在暂且存而不
论;但论其于各个人未来之似然实然者,各个人切身为己的判断是
否最妥? 就你而论,普罗塔哥拉,在法庭上提供证据对人人的说服

力如何,你的预料是否胜于任何人?

德　当然,苏格拉底,在此方面他非常自负,以为人莫如我。

苏　对着上帝说,我的朋友,在此方面他是自负;否则有谁肯出优厚谈话费向他求教,倘他不能使人信服,判断未来似然实然的事,无论预言家或任何人都不及他。 179

德　对极了。

苏　国家立法与凡有利的措施岂不是有关将来,而人人承认,其所期最有利之效时常难免亿而不中?

德　确然如此。

苏　那么,可依情理对尊师说,他必须承认有人智过他人,智 B 过他人者才是权衡;无知无识如我,丝毫不必强其为权衡,如代尊师立言者之不顾我能承担与否,而以此等资格强加于我。

德　苏格拉底,我想他的学说于此最不稳妥,另一点也站不住:其说承认他人意见并皆真实,而他人意见以为其说绝不真实。

苏　德奥多罗,此说在许多其他方面都站不住,并非人人意见 C 一一真实。至于知觉及其相应的判断所由而起之各个人当前的感受,其真实性较难疵议。也许不但较难疵议,直是无可疵议;而以此为明确的知识,却符事实,泰阿泰德以知觉与知识为同物,倒是不差。因此,要为普罗塔哥拉辩护,须进一步推敲,缜密研究所谓 D 唯动的物性,其为说牢不可破,或是风雨飘摇。关于此说的论战不小,参加的人亦非少数。

德　论战真不算小,漫延伊奥尼亚全境。赫拉克利特之徒极力支持此说。

苏　敬爱的德奥多罗,就是为此,更要依其本来面目,根本研 E

究一番。

　　德　一定要。然而,苏格拉底,关于赫拉克利特①的学说,或
如你所云,追溯到荷马乃至更古的学说,与自命内行的厄费索斯人
士讨论,简直如对痴人说梦,无从说起。他们变化无常、躁动不息,
正如其书所立之说。至于沉思静虑讨论问题、从容依次此问彼答,
180　其能事且小于零;他们无一息之静,甚至负数不足以计其欠静的程
度。你向他们发一问,其晦涩的小辞句便如箭之出筒,对你回
射;你若求解其义,却又中其另一套新话头。无论同他们哪一位讨
论,都得不到结果;其彼此之间亦复如此,谨防有物停留,不论言语
B　思虑。我想,他们以为停留就是静止;每与静止之物苦战,极力排
之于六合八方之外。

　　苏　德奥多罗,也许你只见他们纷争,其平静时却未与之相
值;他们并非你的伴侣。然而我想,他们得暇却把处静之道教给所
要传授衣钵的门徒。

C　　德　才怪,什么门徒? 此等人彼此不相师,个个霎时灵机触
动、倔然而起,以为他人一无所知。我方才正要说,和他们打交道,
无论有意无意,总得不出所以然;我们必须提取其说的内容,和盘
过肩、自任分解,如对数学的问题。

---

　　①　赫氏是厄费索斯人,故下文有"与自命内行的厄费索斯人士讨论"一语。赫氏
的哲学体系可称为"唯物主义的宇宙人生过程论";所谓"过程",即变的过程。他认为
一切永在流动变迁的过程中。他以火为万物的原素,因燃烧时的火焰只显得动、燃料
与火焰及燃后之汽唯见其递换转移,最能表示万物变动不居的过程。他发现万物有内
在的矛盾,矛盾有统一、有斗争、有转化,可谓开辩证法之先河、为古希腊的辩证唯物论
者。相传他的著作体裁枯燥、文字费解,故有下文"晦涩的小辞句……"云云。

苏　你的话中肯。关于此问题,岂不曾闻古人遗教？古人以诗赋瑰词达奥旨,其微言大义,众莫能晓。据说,万有之源是欧概 D 安诺士与太徐士,乃不息之流;以故无物静止。另一方面,岂不亦闻近人之说？近人较为明智,直言不隐;其至织屦之夫聆其说而效其智,尽解物有动者静者之惑,服膺万物毕动之理,而对他们赞扬称颂。然而,德奥多罗,我几乎忘记:他人持相反之说曰:"原夫万 E 有,名曰存在,存在静一,独立不改";迈力索士①与巴门尼德②之流坚决主张,万有混一,其中静寂,弥漫绵密,欲动无隙。朋友,我们将如何应付此辈人士？逐渐向前,已经不知不觉陷于两派之间;不防不避,可要吃亏,如在角力场上跨了双方交界线,而被双方此牵 181 彼挽③。我想应先检查前已着手的"万有流迁"派④,此派言之有物,则听其牵挽,甚至助之一臂之力,以自脱于彼派的劫持;若是"万有混一"派⑤持说较为近理,便归此而弃彼,与以静者为动之徒告绝。如果发现两派之说并皆无当,末学如我辈,背叛远古大智者 B 的彝训,而想有所建言,可要贻笑大方。因此,德奥多罗,且看是否

---

①　古希腊哲学家,据较确的传说,他是巴门尼德的弟子。

②　古希腊反动贵族的思想家,其思想反对谜雷托斯派(泰勒斯即此派的宗师)的原始唯物论及赫拉克利特的辩证唯物论。他是埃利亚派的大将,其哲学体系可称为"唯静主义的唯心一元论"。他认为变动不居形形色色的万事万物起于虚妄之见,"真正"存在者是混一的整体,无边无际、不动不变、有今而无去来。此种绝对的存在是抽象概念,非感官所能接,只是思维的对象。他不信任感官,否认感性认识为认识的根源与基础,把认识的感性阶段一笔勾销。

③　这是一种角力的游戏。在角力场上划一线,线之两边以若干人为对立的双方;双方各极力把对方向自己一边拉,拉过来就算得胜。

④　即赫拉克利特一流。

⑤　即埃利亚派。

值得冒此大险。

　　德　苏格拉底，不彻底检查两派各持何说，实在忍耐不住。

　　苏　你既如此热心，便须检查一番。我想，检查动的问题，要
C 从此入手：他们说万物皆动，究竟其义何居。我所要问的是：他们
说动只有一种，或者，如我所想，有两种？切莫认为我个人的想法，
你我要合伙；如遇不可避免的情事，好共同承当。请说，一物迁移
地点或在原处旋转，是否谓之动？

　　德　是。

D 　　苏　这是一种。在同一地点，由少而老、由白而黑，或经其他
变化，是否可以谓之另一种动？

　　德　我想可以。

　　苏　必然是。那么我说，动有两种：其一是性质上的变更，其
二是地点上的迁移或旋转。

　　德　说得对。

　　苏　此点既已辨明，便和主张万物皆动的人讨论，对他们发问
E 题：诸公是说物物动兼两种，地点上移转并性质上变更；或者有物
动兼两种、有物动只一种？

　　德　对着上帝说，我不知所答；但料他们要说物物动兼两种。

　　苏　诚然，朋友。否则须说物亦动亦静；然则说万物皆动，无
以异于说万物皆静。

　　德　你说得对极了。

182 　　苏　物既必动而不能不动，便永在各种动中。

　　德　必然如此。

　　苏　共同检查这一点。我们岂不曾说，他们论热与白或任何

物的来源大致如此：此等物各与知觉之能并动于施者受者之间；受
者成为知觉者、非但知觉之能，施者成为含有某种性质之物、而非
某种性质？也许性质一词于你显得生疏、不解其泛用之义，请听个　B
别的例子：施者不变成热或白，变成热的物或白的物；其他亦复如
此。可记得我们以前曾说：无物自成一物，施受双方俱不独自成
物；双方遇合而起知觉与知觉对象，于是施者成为含有某种性质之
物、受者成为知觉者。

德　记得，怎么不记得？

苏　此说其他方面如何主张，姑且存而不论；只限于所讨论的
一点，专就此点提出问题：据说，万物永在流动中，是不是？　　　C

德　是。

苏　其流动是否兼有我们所分别的两种，地点上的移转并性
质上的变更？

德　安得不兼有，如其全面流动？

苏　地点移转而性质不更变，我们尚能指其在流动中为何种
性质之物；能否？

德　能。

苏　倘性质不居，则流动中的白物不居于白，其白转为他色，　D
色色流转、永不住留；如此，是否能言此物之色、确指不讹？

德　焉能，苏格拉底？任何此等事物，将何以名之，倘转喉之
间，其物已逝，在流动中已成明日黄花？

苏　关于任何知觉，如视听之类，将如何说法？视听之为视　E
听，曾否住留？

德　一切在流动中，则视听必不住留。

苏　一切既在一切流动中，说见无以异于说不见，说有某种知觉无以异于说无某种知觉。

德　无以异于。

苏　然而泰阿泰德与我曾说，知觉是知识。

德　你们是说过。

苏　然则，问知识为何，我们所答知识之为何无以异于知识之非何。

183　德　似乎如此。

苏　为证明以前的答案正确，我们苦心阐发万物流动之理，然而所得妙果如此。唯有一点似乎弄明白了：万物在流动中，则关于任何物之一切答案同等正确，可说其物是如此，也可说其物非如此；若恐言者与所言之物陷于静止，不说"是"或"非"，说"变成"亦可。

德　你说得对。

苏　德奥多罗，我还用了"如此"与"非如此"的字眼；其实不应
B 谓物"如此"或"非如此"，因其若是"如此"或"非如此"，便不在流动中。须为立此说者另创语言，现有语言无适当字眼以达其旨，除非"恍惚"二字；此二字表示无定，也许对他们最合用。

德　此等字眼确是对他们最合用。

苏　德奥多罗，至此，我们与贵友分路扬镳，不同意人人为万
C 物权衡，除非其人洞达物情事理、有出众之智。我们也不承认知识是知觉，最低限度不在万物流动的前提下承认；除非在座泰阿泰德尚有异议。

德　好极了，苏格拉底。问题解决，关于普罗氏学说的讨论已告结束；根据以前的诺言，我也应卸仔肩、不再陪你问答。

泰　不，德奥多罗；你们方才曾提有人持万有一静之说，未同苏格拉底讨论此说，你还不得卸责。

德　泰阿泰德，年少却教年老者背约？不，你可要准备与苏格拉底讨论其余问题。

泰　倘蒙他不弃；然而我宁愿听人讨论此问题。

德　请苏格拉底讨论问题，如纵骑兵驱骋于平原①；尽管发问，有得听的。

苏　德奥多罗，泰阿泰德的要求，我想不依。

德　为何不依。

苏　迈力索士及其他主张万有混一而静止者，我不敢放胆检查其说，尤其对一位恶缩，就是巴门尼德。如荷马所云"可敬而可畏"②，巴门尼德便是如此；幼时曾瞻仰此公高年风范，觉其深不可测、高不可攀。诚恐我们不晓其言语，更不解其言语命意何在；而最担心的是，问题纷至沓来，或致喧宾夺主，知识为何的问题既发其端，反而莫能竟其绪。况且新兴的问题无边无际，附带讨论不能适得其分，充分讨论则不暇给，知识问题势必搁置。两弊并须避免；重在行接生术，接出泰阿泰德关于知识问题的胎。

德　你以为应行则行之。

苏　那么，泰阿泰德，关于所讨论的问题，请再考虑这一点：你说知识是知觉，是不是？

泰　是。

D

E

184

B

---

① 这是引用当时的谚语。平原最便驱骋，于骑兵为称心适意之地。

② 见《伊利亚特》，第 3 章第 172 行；《奥德赛》，第 8 章第 22 行；第 14 章第 234 行。

苏　如有人问你:"人以何视黑白色、听高低音?"我想你要说,"以眼与耳"。

泰　是呀。

C　苏　通常用词下字,轻松流利未必就是孤陋鄙俚,咬嚼吹求反而失之纤巧琐屑;然而有时必须推敲,例如你此刻的答案不正确,势必不能苟同。请考虑,哪一个答案较确:视物以眼,还是通过眼;听音以耳,还是通过耳?

泰　苏格拉底,我想视听之觉不是以眼与耳,而是通过眼与耳。

D　苏　童子,若干感官厕于人身,好比土洛亚之役的许多兵士匿于木马腹中①,如其各自为政、不统于一官,所谓心灵或任何名称者;而人非以此一官,通过各感官为器具,知觉一切被知觉者;——若是如此,真算离奇。

泰　我想并非如此。

苏　对此问题如此推敲,只为欲知:人身是否有此一官,通过眼,以此一官视黑白色,通过其他感官,以同此一官知觉其他事物;若有人对你发此问题,你能否把此等知觉一概归功于身体。不如你自己答复,免我为你饶舌。请告诉我:知觉物之为热、为坚、为轻、为甘,知觉此等物性,所通过的器官,你是否认为并属于身体,

---

①　土洛亚,小亚细亚西南部的古城。希腊人攻此城不下,思以诡计袭取之:以木制一巨马置城外,伏勇卒于其中;一面收兵登舟、鼓帆佯作退兵势。土洛亚人出城见此木马,不知所为。适希腊军中遣来一人,假称逃卒投降,向土洛亚人作反间语,谓此马毁之不祥,若移置城内炮台之上,以献于神,得神之佑而长国威,行将臣服希腊。土洛亚人听信其言,舁此马入城。方行献祭之典、欢欣鼓舞之际,夜间,马腹中勇卒一拥而出,以火炬为号,与城外佯为泊舟待发之兵士相呼应,夹攻而取土洛亚城。城中居民或诛或虏,此城夷为平地。

或属于其他一物？

泰　不属于其他。

苏　你肯不肯承认，通过其一官能所知觉者不得通过其他官能，如通过听官者不得通过视官、通过视官者不得通过听官。

泰　为何不肯承认？

苏　分别通过视官听官而知觉、然后一并加以思维者，不能一并通过其一器官而知觉之。

泰　不能。

苏　关于声与色，不是一并加以思维，首先，认为二者存在吗？

泰　是的。

苏　其次，认为二者其一异于其他，而各同于己。

泰　当然。

苏　再次，认为二者共为二、各为一？

泰　亦然。

苏　也能察其相似与否？

泰　也能。

苏　凡关于二者之如此这般，通过什么器官而后加以思维？二者之共同处，不能通过视或听而后统摄之。另一点足以说明我的意思：声与色若有甘苦可辨，不必说，你知道通过什么器官而后辨其甘苦，显然不通过听或视，通过另一器官。

泰　不待言，通过舌的器能。

苏　说得好。通过什么器官而后施会通之能、而后晓声色及一切物之共性，如所谓"存在""不存在"与方才关于声色所云种种？你能否指出，有什么器官适应于此种种共性，通过什么器官而后一一知觉之？

D　　泰　你指"存在"与"不存在"、"似"与"不似"、"同"与"异"、物之为一与为他数，显然也指"奇""偶"及其相联的其他概念；问通过身体上的什么器官，以心灵知觉此种种共性。

　　苏　泰阿泰德，你领会得极其透彻，所问正在于此。

　　泰　对着上帝说，苏格拉底，我指不出；似乎绝无特别器官专

E　作会通事物的桥梁，如感官之各有所司；我想心灵自具机杼、以潜观默察一切事物的共性。

　　苏　泰阿泰德，你美，并不丑，如德奥多罗所云；出言美者既美且善。不但美，尚且有德于予，使我免于辞费，如果你已明白：若干事物，心灵自具机杼以潜观默察；若干事物，心灵通过身体上的官能而后知觉之。这是我自己的看法，希望你也同意。

186　　泰　我已明白。

　　苏　那么，你把"存在"归于哪一类？"存在"附着于一切事物，为共性之最普及者。

　　泰　归于心灵自己所直达的一类。

　　苏　"似"与"不似"、"同"与"异"也归于此类吧？

　　泰　是。

　　苏　"美"与"丑"、"善"与"恶"呢？

　　泰　我想属于如此一类，此类所包括者，其存在性是相对的；

B　心灵特据其存在之彼此相对的情况，以过去现在参证将来，而加以衡量比较。

　　苏　暂缓。心灵不是通过触官而后知觉刚者之刚性、柔者之柔性吗？

泰　是的。

苏　刚性柔性二者之存在与存在性、其彼此之相反与相反性，心灵自己从事思量排比，而加以判断。

泰　确然。

苏　凡通过身体而后及于心灵者，人与兽并有与生俱来天赋 C 之能、以感受而知觉之；至于对此等感受之存在与作用的思量，却需时苦练，并加以教育，才能达其所能达者。是否如此？

泰　毫无疑问。

苏　不能达物之"存在"，还能达物之理否？

泰　不能。

苏　不能达物之理，于物能有所知否？

泰　焉能，苏格拉底？　　　　　　　　　　　　　　　　　D

苏　然则知识不在于对事物的感受中，却在于对所感受而起的思维中；显然，由思维能达事物之"存在"与事物之理，由感受则不能。

泰　显然。

苏　彼此既有偌大差别，尚能赋以同一名称吗？

泰　确是不妥。

苏　视、听、嗅、冷感、热感，此类应有何名？

泰　舍知觉别有何名？　　　　　　　　　　　　　　　　　E

苏　统称之为知觉？

泰　必然。

苏　我们说，由此不能达事物之理，因由此不能达事物的"存在"。

泰　不能。

苏　便也不能达事物的知识。

泰　也不能。

苏　然则,泰阿泰德,知觉与知识断非同物。

泰　断非,苏格拉底。知识异于知觉,今已十分明确。

187　苏　我们讨论的初衷不在于求知识之非何,乃在于求知识之
为何。然而却达到这一步:晓得知识不在知觉上求、在心灵本身应
事接物的作用上求,——不论此作用的名称为何。

泰　苏格拉底,我想此作用谓之思议或论断。

B　苏　你想得对,朋友。今请尽弃前言,从头考虑,据此已达的
一步,所见是否益加明确。再说,知识究竟为何。

泰　苏格拉底,不能说所有论断尽是知识,因其有虚假者;也
许论断之真实者为知识。以此暂作我的答案。随后若不以为然,
设法再提其他答案。

苏　应该如此,泰阿泰德;今之侃侃而谈胜于前者之将言而嗫
C　嚅。如此行事,二者必居其一:或得其所求,或庶几免于以所不知
为知;即此收获已非小可。足下于意云何? 是否说,论断有真实与
虚假两种,其真实者定为知识?

泰　是,这是我目前的看法。

苏　是否还值得重提有关论断的问题?

泰　你指什么问题?

D　苏　某问题目前与往时时常搅扰我,使我于己于人并有许多
莫名其妙的经验。此经验为何、由何而起,我真说不出。

泰　什么经验?

苏　作虚假的论断。我考虑着:或存而不论,或换个方法研

究,至今游移不决。

泰　苏格拉底,问题若非莫须有,为何存而不论? 方才你和德奥多罗对时间的运用说得不错,讨论此类问题不可急躁。

苏　提醒得好。也许此刻回溯原题还算及时。小有成胜于大　E
不就。

泰　可不是?

苏　如之何? 何所云? 是否说,论断每有虚假,有人思议虚假的物、有人思议真实的物,一若其本质原是如此。

泰　是如此云云。

苏　在一般与个别情形下,于物岂不只能或知或不知? 学习　188
与遗忘等中间阶段,暂且不论,因其与目前问题无关。

泰　不计学而复忘,则知或不知以外,确无其他可能。

苏　然则,有所思议者,必然思议其所知或所不知的物?

泰　必然。

苏　不可能不知其所知或知其所不知。　　　　　　　　　　　B

泰　焉能?

苏　思议假事物者是否指鹿为马,于其所知者不以此为此而为彼;是否并知彼此而不省识彼此?

泰　然而不可能,苏格拉底。

苏　是否于其所不知者以此为彼? 这是否可能:与泰阿泰德及苏格拉底素不相识,心目中却以苏格拉底为泰阿泰德,或泰阿泰德为苏格拉底?

泰　焉能?　　　　　　　　　　　　　　　　　　　　　　　C

苏　任何人绝不至于认为,其所知者即其所不知者、其所不知者即其所知者。

泰　倘其如此,岂不离奇!

苏　然则焉能作虚假的论断? 一切既不出于知或不知二途,此外便无作论断之可能,此内亦无作虚假的论断之余地。

泰　对极了。

苏　我们所探讨的,是否有须改途易辙,改"知或不知"之途,易以"存在或不存在"之辙?

D　泰　你的话何所谓?

苏　这是简明的事实:关于任何东西,思议其所无有或不存在者,所思议无非虚幻之物,且莫问其他方面运思的情况如何。

泰　似乎如此,苏格拉底。

苏　泰阿泰德,设有人质问:"公等所云是否可能;无论关于相依而存之物或独立自在之体,是否有人能思议其所无有或不存在

E　者?"我等将何以为辞? 似乎要答:"可能,若对不真实者起念";你以为如何?

泰　是要以此为答。

苏　同类情况在其他方面是否可能?

泰　什么情况?

苏　如见某物而所见却是无物。

泰　如何可能?

苏　见某一物,所见必是存在之物;或者你以为"成一者"能归于不存在者之列?

泰　我不以为。

苏　那么,见某一物,即见某物之存在者。

泰　显然。

苏　闻某物,即闻某一物,并闻物之存在者。　　　　　　189

泰　然。

苏　同样,触某物,即触某一物;触某一物,即触物之存在者。

泰　亦然。

苏　有所思议或论断者岂不是思议或论断某一物?

泰　必然。

苏　思议某一物者岂不是思议存在的某物?

泰　是,我同意。

苏　思议不存在之物是思议无物。

泰　显然是思议无物。

苏　思议无物等于一无思议。

泰　似乎了然。

苏　然则,无论关于相依而存之物或独立自在之体,不可能思　B
议其所无有或不存者。

泰　显然不可能。

苏　那么,思议假事物异于思议不存在之物。

泰　似乎各异。

苏　所以,无论由此途辙或由方才的途辙,都不能发现有虚假
的论断。

泰　确实不能发现。

苏　我们所谓虚假的论断是否如此产生的?

泰　如何产生的?

苏　心目中指鹿为马,把实在之物以此为彼,此种混淆的论　C

断,我们认为虚假的论断。思议总是有关存在的事物,然而以彼易此;唯其思议不中鹄,所作论断应谓之虚假的论断。

　　泰　我想你此刻的话最正确。若以丑为美或以美为丑,便是思议真地假事物。

　　苏　咄,泰阿泰德,你居然不我畏而我欺矣。

　　泰　你为何出此言?

　　苏　我想,你以为我不会吹求你"真地假"的语病,不问你:"快地慢"或"重地轻"是否可能,或任何矛盾能否矛不为矛而为盾、盾不为盾而为矛、双方不各依己性而依对方之性起作用。且放过此语病,以免你扫兴。据你说,你满意于以虚假的论断为混淆的论断?

　　泰　满意。

　　苏　据你的意思,心官可能不以此为此而为彼。

　　泰　可能。

E　　苏　心官以此为彼时,岂不必然兼思彼此或独思其一?

　　泰　必然;或同时兼思彼此,或先后独思其一。

　　苏　妙极了。你对思议的解释与我同否?

　　泰　你如何解释?

　　苏　解释为心灵考虑事物时的自言自语。我对你阐明此理,自己并不知其所以然。我觉得心之运思无非自言自语——自问自答,自立自破。问答立破得一致的结论,不问得之徐徐或得之豁然,只要自信无疑,便是我们所谓心的论断。如此,我把思议谓之自言自语、论断谓之所言所语,默然无声对己而不对人。你如何解释?

　　泰　我也如此解释。

　　苏　那么,把一物断为他物者,其人当时仿佛对己说,此物即彼物。

泰　诚然。 B

苏　请回忆,你曾否对己说,确实美是丑、不义是义。总括一句,请检查,你曾否企图说服自己,一物确是他物;或者适得其反,甚至梦中也未曾敢对己说,奇确是偶或类似的话。

泰　你说得对,我不曾。

苏　你想,曾有任何人,无论醒或醉,悍然自语、诚然自信,牛 C 必是马、二必是一?

泰　对着上帝说,我不作此想。

苏　思议若是自言自语,则心兼摄二物、自语而作论断,绝不至于语为断为其一即是其他。莫在字眼上取巧,因二物之一并称"其一",而把此一与彼一混同。吾意乃在于此:绝无其人作以丑为美之类的论断。 D

泰　苏格拉底,我不在字眼上取巧,并同意你的话。

苏　然则,思议兼及二物,不可能以此一断为彼一。

泰　似乎如此。

苏　思议仅及其一而毫不及其他,更不至于以其一断为其他。

泰　对;倘有此情,则必至于思议毫未涉及之物,竟能摄之于心。

苏　然则,思议无论兼及二物或仅及一物,都不至于混淆彼此,以一物断为他物。因此,把混淆的论断定为虚假的论断,此定义等于徒然。足见由此途径或由前之途径,都不能发现有虚假的论断。

泰　似乎不能。

苏　然而,泰阿泰德,如果不能发现有虚假的论断,势必承认许多离奇现象。

泰　何种离奇现象？

苏　未把问题面面考虑周到，暂且不告诉你。迷离恍惚中勉
191　强承认此等现象，我为吾辈耻之。倘得路而出迷网，便能以局外人
地位指摘他人堕入迷网；否则唯有低声下气，若晕船者之一息如
缕，任辩口波涛澎湃汩没，而无可奈何。且听我如何再接再厉为我
们的问题求出路。

泰　请说。

B　苏　我们以前同意，不可能以所知为所不知、因此而作虚假的
论断。现在我不以为然，料其在某种情况下却也可能。

泰　你指的是我当时所怀疑的吧？我们说其不可能时，我怀
疑着：譬如我识得苏格拉底，有时远处望见所不识的人，却以为是
相识的苏格拉底；——在此情况下，你所指的虚假论断便产生了。

苏　我们岂不已弃此说，因其竟持同时又知又不知其所知的
谬论？

泰　已弃。

C　苏　且把问题转个方向，困难或者减轻，或者适得其反。然而
我们的处境是要面面尝试，把所有论点通盘检查。看我是否言之
有物：前所不知，能否学而知之？

泰　必能。

苏　能否学知一件又一件？

泰　为何不能。[①]

苏　为便于讨论，假设我们心灵中有块蜡版，或较大较小，或

[①]　此二句娄卜本译文遗漏。

较刚较柔，或较纯较驳，或各方面适宜。

泰　假设。　　　　　　　　　　　　　　　　　　　　D

苏　我们说，这是诸穆萨①之母氏——穆内穆颂内②——所赐予的。我们所见所闻，或念之在心者，若要记住，便将此版置于知觉意念前，把知觉意念刻于其上，如打印一般。痕迹尚存，所刻能忆能知；刻后磨灭，或刻不成者，便弗忆弗知。　　　　　　　　　E

泰　假设如此。

苏　倘其如此而知事物，而思议所见或所闻之某一事物，请看能否在此情况下作虚假的论断。

泰　在何情况下？

苏　把所知者，有时认为另所知者，有时认为所不知者。我们以前同意这不可能，其实不然。

泰　今则云何？

苏　讨论此问题，必须先把可能者与不可能者界线划清如下：192（一）知二物而记其印象在心，其物虽不在目前知觉中，却不可能以此为彼；不可能以所知者为所不知而无印象在心者；亦不可能以所不知者为另一所不知者、以所不知者为所知者。（二）不可能以所知觉者为另一所知觉者、以所知觉者为所不知觉者，亦不可能以所 B不知觉者为另一所不知觉者、以所不知觉者为所知觉者。（三）所知二物在目前知觉中、其在心印象亦与目前知觉相符，更不可能以此为彼；所知一物在目前知觉中、其在心印象亦与目前知觉相符，

---

①　希腊神话中司文艺美术音乐等之九女神。

②　希腊神话中司记忆的女神。

不可能以此物为另一所知而不在目前知觉中者或为另一在目前知
C 觉中而非所知者。所不知亦不在目前知觉中之二物,不可能以此为
彼;所不知亦不在目前知觉中之一物,不可能以此物为另一所不知
而在目前知觉中者或为另一所不知亦不在目前知觉中者。对以上
种种绝不可能作虚假的论断;如有可能余地,只在此等情况下①。

　　泰　在什么情况下?也许由此较易领会,目前却跟不上你的
意思。

　　苏　在此等情况下:以所知者为另一所知并在目前知觉中者,
或为所不知却在目前知觉中者;或以所知并在目前知觉中之一物,
D 为所知并在目前知觉中之他物。

　　泰　我更茫然不知所谓了。

　　苏　如此这般再听一遍:我认识德奥多罗与泰阿泰德,心里记
其为何如人。有时见其貌、闻其声、触其躯体,或由其他感官知觉

---

　　①　苏氏这段话,头绪纷纭,极其费解;兹转译康复尔德的注释,以资参考:"苏格拉
底这段话列举不可能混淆二物的一切事例。他把二物之(甲)已知并当前记得或(乙)
完全未知者、(丙)当前知觉所及或(丁)当前知觉所不及者,作种种可能的配合;结果只
有在三种配合中,二物可能彼此混淆。苏氏的话,读者或与泰氏同感费解,而欢迎简要
的说明过于字句的翻译。最简便的方法是,以'相识者'代表所认识或所知悉并记其印
象于心头之一人或一物,以'不相识者'代表素不认识或向不知悉之一人或一物。在以
下情况,不可能混淆二物:(一)二人俱非当前知觉所及,不会以其一相识者误为其他相
识者,或混淆一个相识者与一个不相识者,或混淆两个不相识者。(此等情况,苏氏在
下文 193A—B 重复举例说明。)(二)如只有关当前知觉,则不会混淆当前所见之二物,
也不混淆当前所见之一物与当前所不见之他物,并也不会混淆当前所不见之二物。
(三)知识及当前知觉俱有关,则不会混淆当前所见并省记之两个相识者;当前所见并
省记之一个相识者,与当前所不见一个不相识者,或与当前所见一个不相识者,也
不至于混淆。(依康氏自注,省记是指:以往对一物的知觉在记忆中所留印象,与当前
对同此一物的新知觉,能相符合;按即所谓认得。)无论当前眼见其一与否,两个全不相
识者不会混淆。"(康本第 122 页)

二位,有时则否;然而心里岂不依然记而知之?

泰　当然。　　　　　　　　　　　　　　　　　　　　　　　E

苏　这是我要你明白的第一点:所知可能在目前知觉中、可能不在目前知觉中。

泰　诚然。

苏　至于所不知者,岂不时常可能是知觉所不及者或知觉所仅及者?

泰　这也可能。

苏　且看你此刻是否较跟得上我的意思:苏格拉底识得德奥　193多罗与泰阿泰德;不相见、亦无关于二位的当前知觉,则心中绝不会思议曰,泰阿泰德是德奥多罗。我说得有理无理?

泰　有理。

苏　这是我前之所云不可能作虚假论断的第一例。

泰　是。

苏　第二,只识得一位并对二位无当前的知觉,也绝不可能以所识者为所不识者。

泰　对。

苏　第三,二位都不识得并对二位无当前的知觉,也不可能以　B其一所不识者为其他所不识者。前者所云不可能作虚假论断的其他各例,你姑且当作逐一重听一遍;在那些情况下,我绝不会对你们二位作虚假的论断,无论认识二位与否或只认识一位;当前的知觉方面亦复如此。跟得上我的意思吧。

泰　跟得上。

苏　只在如此情况下,有作虚假论断的余地:例如我认识你和

德奥多罗,二位的容貌举止铭于我心的蜡版上,如印之留迹;远处

C　恍惚望见你们二位,急将铭于心版的印象与呈于视官的知觉各相

配合,如足复践其迹,以唤起对二位各别的认识。配合失之彼此倒

置,如左屦纳于右足、右屦纳于左足,又如视线与镜中物影反射的

D　光线相接、而见物之左右易位[①];——如此,便致错误,而作彼此倒

─────────

①　柏拉图把镜中视影或镜中映影解释为:发自眼睛的光线(即视线)在镜面与发自人体或物体之光线(即形与色)相合并。所谓左右易位,康复尔德有图说明,兹转摹于下:

甲图:直接视人或物

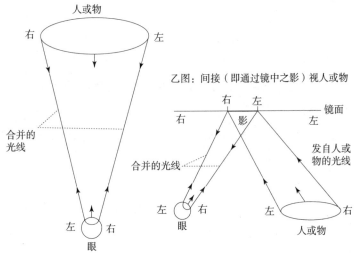

上方甲图表示直接视人或物:所视对象的左右边对着视者每一眼的右左边,这是正常的情况。乙图表示间接(即通过镜中之影)视人或物:发自视者之眼的光线与发自所视对象的光线在镜面相合并,此合并的光线由镜面折回视者之眼。对象的左右边对着镜的右左边,镜中对象之影的左右边对着视者每一眼的右左边;镜面合并的光线折回视者之眼,则对象本身的左右边对着视者每一眼的左右边。例如,以镜照西文书一页,则见其字翻转,非原来正面字由左到右的横行,却成反面字由右到左的横行;——此即所谓见物之左右易位。

置或虚假的论断。

泰　似乎如此，苏格拉底；虚假论断产生的情况，你说得淋漓尽致。

苏　此外还有一个情况：认识二位、并对一位有当前的知觉，而对此一位素所认识与当前所知觉不符。我前之所云如此，你当时不了解。

泰　我当时不了解。

苏　我曾如此云云：认识二人并对他们有当前的知觉，而且所认识与所知觉相符，绝不会以其一为其他。所云是否如此？　E

泰　是。

苏　以前遗漏了此刻正要说明的情况，在此情况下产生虚假的论断，例如：认识二人、会见，或有其他感官上的接触，而对二人　194所铭于心版上的个别印象与所呈于感官上的个别知觉不能各相符合，如不善射者之不中鹄；——此之谓虚妄谬误。

泰　有理。

苏　其一印象有当前知觉与之配合、其他印象无有，却把其他移置于与其一配合的当前知觉上；——凡在此等情况下，心之运思便起谬误。总而言之，我们方才的话若是可靠，关于所不知并知觉　B所未曾及的事物，似乎不能致误而起虚假的论断；倒是关于所知并知觉所及者，论断有转移出入或真实或虚假，——譬如印与印迹，各相符合才是真实，参差枘凿便是虚假。

泰　苏格拉底，所云岂不妙哉？

苏　再听下文，更会称妙。论断真实是可贵的事，否则可耻。　C

泰　岂不是？

苏　人说论断真实与否的关键在此：如荷马以蜡版比方心地①，心地宽厚平坦、刚柔适度，则入自感官者铭于其上为印象，淳深而耐久。此等人，一则易学，再则强记，三则由感官所得印象不至混淆，而论断真实；因如此明晰条达的印迹易与原印——即所谓实物——相勘合。此等人谓之智者。你以为然否？

泰　甚以为然。

苏　有时如彼全智诗人所讽刺，心有茅塞，若蜡版之不净不淳、过脆过坚：脆者易学速忘，坚者适得其反。凡心被茅塞、笨如顽石、杂如粪土者，只得模棱的印象；如蜡版之坚者与脆者所得印象并皆模棱，坚者因其不能深入，脆者因其化成一团而莫辨彼此。心地猥屑褊小，则印象拥挤重叠，愈益模棱。凡作虚假论断者皆此等人。他们有所见闻思议，不能速将其物与各该印象一一勘合；迟钝糊涂，以致见闻思虑诸多谬误。此等人谓之不辨实物、不学无术。

泰　苏格拉底，所云极其正确，举世莫能道也。

苏　然则要承认有虚假的论断？

泰　决要承认。

苏　也有真实的论断？

泰　也有。

苏　我们是否已经充分相信，同意确有此二种论断？

泰　绝无疑问。

苏　泰阿泰德，多言者真是可厌而可憎。

---

①　希腊文心（κῆρ）字读如"恺尔"，蜡（κηρός）字读如"恺尔洛士"。荷马因此二字音相近，故以相比。

泰　如何？为何出此言？

苏　懊恼我自己鲁而多言。在几个论点上往复循环，既不能 C
通晓，又不肯割舍；如此者，不谓之鲁而多言而谓何？

泰　为何懊恼？

苏　岂但懊恼，且恐不知所答，如有人问："苏格拉底，你已经
发现了，虚假论断不存于知觉与知觉之间，也不存于思想上，却存
于知觉与思想的配合？"我想，要答"发现了"；而且自鸣得意，以为 D
得未曾有。

泰　苏格拉底，此刻所指出的这一点似乎未可藐忽。

苏　他还要问："然则是否亦云，仅设想所及而不见的人，绝不
至于想象为仅设想所及而不见、不触、不缘其他感官所知觉的马？"
我想要答，"亦如此云云"。

泰　答得对。

苏　他又要说："据此，仅设想所及的十一，绝不至于想象为仅 E
设想所及的十二？"来，请你答复。

泰　我要答复：可能以所见所触的十一个错认为十二个，却不
至于把意想中的十一误断为意想中的十二。

苏　你想，曾否有人，虽不当前眼见五个与七个人或物，却胸 196
中默念所谓铭于心版而不致引起虚假论断的五与七，计议此二数
本身，自问自答其和为几？胸中如此自问自答，是否有人答为十
一、有人答为十二，抑人人答为十二？

泰　对着上帝说，不至人人答为十二，答为十一者大有人在。
计议较大的数，愈易致误。我想你指一般的数，不仅指五与七。　　B

苏　你想得对。请考虑，如此岂非把铭于心版的十二本身想

象为十一？

　　泰　似然。

　　苏　这岂不是又回到起初的论点？如此致误者是把所知之一
C　物想象为所知之他物。我们以前曾斥其不可能,据此而确证虚假
的论断必不存在,以免强说,同一人同时亦知亦不知同一物。

　　泰　千真万确。

　　苏　然则必须指出,作虚假的论断并非以心之所思混为感官
之所知觉,而是其他勾当;如其然,则不至于在思维本身上犯错误。
然则二者必居其一:或虚假的论断无存,或可能不知其所知。二者
何所择？

　　泰　半斤八两,不知所择,苏格拉底。

D　苏　然而二说不能并立。且不顾一切而恶颜从事。

　　泰　如何？

　　苏　决心去说明知究竟是什么。

　　泰　焉至于恶颜？

　　苏　你似乎不注意,我们一场话自始就是研究知识,因不知其
为何。

　　泰　何尝不注意。

E　苏　不知知识为何,却要说明知是什么,岂不难为情？泰阿泰
德,我们讨论中的言语一向模棱。无数次用过"知""不知""有知
识""无知识"等字眼,一若虽不解知识为何、而彼此能解此等字眼。
你若情愿,我们此刻仍用"解"与"不解"二辞,虽茫然于知识之为
何,而恬不为怪。

　　泰　苏格拉底,避免这些字眼,如何能交谈？

苏　夫我则不能。我若是雄辩家,或此刻有雄辩家在座,一定 197
要避免这些字眼,严厉指摘我们的言语。然而我们只是凡夫,还要
不要我大胆说明知是什么? 我想或者不无小补。

泰　对着上帝说,尽管大胆。不避免这些字眼,大可原谅。

苏　你可领教过时下之以知为何?

泰　也许领教过,只是目前记不得。

苏　他们说,知是"操知识"。　　　　　　　　　　　　　　　　　B

泰　诚然。

苏　我们且下一转语,说知是"有知识"。

泰　你说,此与彼何别?

苏　也许无别。且听我的意见,然后与我共同审查。

泰　如果我做得到。

苏　"操"与"有"于我显得不同。譬如有人买了一件斗篷、归
其所有,却不随身披着;我们说,他对此斗篷,有而不操。

泰　说得对。

苏　请看,知识能否同样有而不操。譬如有人捉了若干野鸽 C
之类的鸟,在家养于笼中;一方面可说,他恒操此鸟,因其有之。可
否说?

泰　可说。

苏　然而另一方面亦可说,他不操此鸟,而有驾驭此鸟之权,
因其笼之于家,听其处置;——随意随时想如何便如何,或捉而操 D
之掌上、或纵而置之笼中。

泰　是如此。

苏　正如前者比方心灵中设一蜡版,今再比方心灵中置一鸟

笼,养各种鸟,——或分别成群、或三五结伴、或独栖而随处飞跃。

E　　泰　即便如此比方。其次呢?

　　　苏　意中以各项知识代替各种鸟。孩提无识无知,好比鸟笼尚空;随后得某项知识、蓄之笼中,便是学而晓此项知识有关的事物。即此是知。

　　　泰　设其如此。

198　　苏　随意重捉一项知识,或操之在手,或复置笼中;——你想须用何字形容,形容当初获得与以后重捉,用相同的字眼,或用不同的字眼? 如此这般,更能明白我的意思:你说算术是技术吧?

　　　泰　是。

　　　苏　认定算术是从事所有奇数与偶数的知识。

　　　泰　认定。

B　　苏　我想,是以此术驾驭数的知识,并将此知识传授与人。

　　　泰　是的。

　　　苏　授,谓之教;受,谓之学;获而有之于笼中,谓之知。

　　　泰　很对。

　　　苏　注意以下的话:极其精通的算术家岂不尽知一切数,因一切数的知识尽在其胸中?

　　　泰　岂不尽知?

C　　苏　他有时计算胸中的数本身,有时计算外在事物之有数可
198 纪者?

　　　泰　可不计算?

　　　苏　我们说,计算无非求知某某数为几何。

　　　泰　是如此。

苏　所谓尽知一切数者尚且求知某某数为几何,如此,似乎既知而求知其所知犹所不知。你有时领教过此等辩难吧。

泰　领教过。

苏　再以捉鸽与有鸽为喻,我们说,捉有两种:一是未有、捉而　D
有之,一是既有、捉其所有而操之在手。同样,以往学而晓事所得之事物的各项知识,虽日久不在心头,亦可一一索之胸中而操之目前,以温寻旧事旧物,使其如指诸掌。

泰　诚然。

苏　这是我方才的问题:算术家从事计算数目、文字家从事辨　E
识文字,应以何字形容其所为? 其所为岂不是既知而自己重学其所已知?

泰　这也怪,苏格拉底。

苏　我们既许其知一切数、一切字,能否说,他们是计算、辨识、其所不知?

泰　也不合理。
                                                        199

苏　然则,你想我们是否可说:字眼无关紧要,尽管有人在"知"与"学"字面上取巧;然而我们既把"有知识"与"操知识"分为二事,便肯定,所有不能无有,而所知绝不至于不知,只是关于所知可能拈出虚假的论断? 可能此物的知识不操于心头、而以他项知　B
识代之,因各项知识错综于胸中,如各种鸟跟跄在笼里,捉笼里某鸟有时误得他鸟,索胸中某项知识有时误得他项。据此,以十一为十二,是探索胸中数的知识、而误以十一为十二,正如捉鸽而得鸠。

泰　有理。

苏　探索而得其所欲得者,便无错误,便是对真事物作论断。　C

可见真实与虚假的论断并皆存在,我们以前的难题岂不迎刃而解?你同意吧,或者未必?

泰　同意。

苏　我们已经消除不知其所知的矛盾,因为,不论对何事物致误与否,无有其所有总是绝无其事。然而另一更大的难题似乎又来了。

泰　什么难题?

苏　各项知识彼此移置有时能致虚假的论断。

泰　如何?

D　苏　一则,操一物的知识,而不省识此物,非因不知此物,却缘自己对此物的知识;再则,此物断为彼物、彼物断为此物;——这岂不是荒谬绝伦:一项知识现于心头,却毫不知晓、全不省识?据此,现于心头的知识能致不知,则现前的不知能致知、现前的不见能致见[①]。

----

①　此段言语费解,兹释之如下:"操一物的知识",谓索诸胸中关于五与七二数之和的知识、有所得而操之于心头。(五与七二数之和,原已知之,并蓄之于胸中为知识。)然而所得者十一、非十二。"不省识此物",谓不辨十一之非十二,即不省十一之非其所欲得五与七之和。"非因不知此物",谓非因平素不知五与七之和为十二。"自己对此物的知识",谓自己所蓄于胸中关于五与七之和——即十二——的知识。"此物断为彼物",谓以十一为十二,即以十一为五与七之和。"一项知识现于心头",谓所蓄于胸中关于十一的知识现于心头。(关于十二的知识,亦是所蓄于胸中之一项知识。)"毫不知晓、全不省识",谓不分晓不辨识十一之为十一而非十二。"现于心头的知识能致不知",谓现于心头关于十一的知识能使素知此数者不知其为十一而非十二。总上之意,盖谓:胸中蓄有多项知识,"十一"与"十二"各为一项。今索"十二",而误得"十一"(即所谓"一项知识现于心头"者)。误而不知其误,得"十一"而不省识其非所欲得之"十二"。致误之因,不在乎平素不知十一之非十二,反之,"十一"与"十二"两项知识,平素厘然并蓄于胸中;竟至于以十一为十二,岂不荒谬?现于心头关于十一的知识能使素知此数者不知其十一而非十二,则现前的不知能使人知、现前的不见能使人见,——其荒谬有如此者。

泰　苏格拉底,以各种鸟专比各项知识,或不恰当;应以兼比各项非知识,同在心笼中踉跄飞跃。探心笼有时捉得一项知识、有时捉得一项非知识,对于同一事物,根据非知识而作虚假的论断,根据知识而作真实的论断①。　E

苏　泰阿泰德,不得不嘉许你;然而你的话还待商榷。姑且假定如你所云。你说:探心笼而得非知识,便起虚假的论断;是不是?　200

泰　是。

苏　固然不会自以为作虚假的论断。

泰　怎会?

苏　却自信为作真实的论断,其心一若诚知其所误认为知者。

泰　可不是。

苏　便自以为捉后所操是一项知识、不是一项所不知者。

泰　显然。

苏　我们绕个大圈,却复困于旧围中。好辩者可要奚落我们,　B说道:"妙人啊,是否有人并知一项知识与一项非知识②,而把其所知之一项认为其所知之他项;或两项俱不知,却以其所不知之一项为其所不知之他项;或仅知其一项而不知其另一项,以其所知之一

———————

①　"非知识"(原文 ἀνεπιστημοσύνη)指错误的知识。例如,学算术加法,误以五与七之和为十一,便将"五加七等于十一"牢记胸中,蓄为一项知识;其实此项非真知识。可见胸中所蓄知识有真有假;假者不得称为知识,故谓之"非知识"。对同一事物,例如对五与七之和:诚知其和为几者据胸中所蓄知识作论断曰:"五加七等于十二",此论断便是真实的;非诚知其和为几者亦据胸中所蓄之非知识作论断曰:"五加七等于十一",此论断便是虚假的。

②　并知一项知识与一项非知识之"知",即下文所谓别有关于各项知识与各项非知识之"各项知识"。

项为其所不知之另一项、以其所不知之另一项为其所知之一项？你们是否要一再对我说：别有关于各项知识与各项非知识之各项

C 知识①；有此等知识者将其蓄于或刻在另一种奇妙的心笼中或心版上，一旦为其所有，一旦知之，即使未必时时刻刻现于心头？如此，你们焉得不长绕旧圈而寸步不能开展？"泰阿泰德，对这些话，我们以何作答？

泰　对着上帝说，苏格拉底，我不知应以何语相酬。

苏　童子，然则好辩者指责我们不应舍知识问题而尽先研究

D 虚假的论断，其论点岂不洞见症结？未充分把握知识为何，不可能了解虚假的论断。

泰　苏格拉底，在目前形势下，不得不依你的话着想。

苏　从头再说起，知识是什么？此时还不至于罢休的地步吧？

泰　绝不至于，除非你甘休。

苏　告诉我，为知识下定义，最好说知识是什么，才能尽量免于自相矛盾。

泰　唯有我们以前试说过的，苏格拉底；此外别无其他说法。

E 苏　试说过什么？

泰　我们试说过，知识是真实的论断；——真实的论断即是真实的意见。所见真实，则决不致误，其一切效果美而且善。

苏　泰阿泰德，诚如引人涉水者所云"涉而后知深浅"②，我们

---

① 别有关于各项知识与各项非知识之各项知识，即上文所云"并知一项知识与一项非知识"的知识。

② 当时的谚语。

向前探求,也许当路的障碍物反而暗示所求的目标;止不向前,终 201
于无所发现。

泰　你说得对;我们向前探讨罢。

苏　只需略为向前一望,便有整套技术证明真实的意见不是
知识。

泰　何以然? 什么技术?

苏　所谓说士与律师的无上智术。他们不以其术教导,以其
术驰辩而说服,使人依其意旨而成见。你想有如此高明的教师,在
几个滴漏的时间①,能把被劫财物或遭其他横暴者的真相,充分指 B
教当时不在场目睹的人?

泰　我想他们断不能教导,只能驰辩以说服。

苏　你想,说服人是否使人持某种意见?

泰　可不是?

苏　关于非目睹不能知的事实,审判官信服公正的诉说、采纳
真实的意见、凭耳闻而判决,判决虽确,毕竟非凭知识,乃由于被正 C
确地说服;是不是?

泰　完全是的。

苏　朋友,在法庭上,真实的意见若与知识为同物,第一流的
审判官决不能缺知识而有真实意见以作正确判断;今则二者显得
各异。

泰　啊,苏格拉底,现在我想起曾听人说而忘记的话。他说,
带理由的真实意见是知识,不带理由的在知识范围之外。无理可 D

---

①　在希腊雅典法庭上发言,以漏壶限制时间。

解者不可知,有理可解者可知,——其所谓"可知"一词之义如此。

　　苏　你提得妙。请说,他如何区别可知者与不可知者;也许你我所闻相同。

　　泰　未必记得起;我想,有人发其端,我能继其绪。

E　　苏　听我述梦以答梦。我似乎曾闻人[①]言:构成人与物的元素无理可解。每一元素本身可名而不可说;甚至不可说其有无,说
202　其有无便是附以存在不存在,而元素本身不得有所附加。凡"本身""这个""那个""每个""独个"以及许多此等形容词都加不上,因其能随处移置,可附于一切物,而与所于附之物有别。即使元素可说、有其特具之理可解,亦必无取于一切附加的辞。然而任何元素
B　不可说、无理可解,但可名、仅有其名。元素构成之物是元素的复合体,各元素的名合而成理解言说,——理解言说存于名之撮合。由此可见,元素非知识与理解所能及,只是知觉的对象;元素的复合体可知、可解、可摄之以真实的意念。无理解而有一物之真实的意念,其人的心摸索到此物的真相,却不曾知此物;因其不能授受理解,便是不知此物。加之以理解,则凡元素所构成者皆能知,能有完备的知识。你所听的梦是否如此?

　　泰　完全如此。

　　苏　你是否满意这个说法,以带理解的真实意念为知识?

　　泰　十分满意。

---

　　①　此说是一种哲学理论,出于何人,柏拉图未指其名;然而可决其不出于苏氏或柏氏本人。持此说者应是与苏柏二公并世的人,其名不著称于当时者。近代学者多方考证,迄无定论。

苏　泰阿泰德,多少往哲穷年累月、到老而探求不得者,难道 D
我们今日立谈之间居然得之?

泰　苏格拉底,无论如何,我总觉得此刻说的有理。

苏　话本身似乎近理;除了带理解的真实意见,还有什么知
识? 然而所说的有一点不满吾意。

泰　哪一点?

苏　显得最妙的一点:一方面,元素不可知,另一方面,元素的
复合体可知。   E

泰　这不对吗?

苏　必须揭穿;持此说者用的例子便是把柄。

泰　什么例子?

苏　以字母为元素,以音段为字母的复合体。或者你以为持
此说者心目中别有所指?

泰　不,是指此。

苏　且取此例检验一番,或者不如反省我们自己是否如此这 203
般学会识字。首先问,是否音段有理可解、字母无理可解?

泰　许是。

苏　我也甚以为然。若有人举"苏格拉底"一字的第一音段问
你:"泰阿泰德,请说'苏'这音段是什么",你将如何答复?

泰　我说,是"锡格麻"与"欧媚卡"两字母。

苏　这是你对此音段的解说?

泰　是的。

苏　来,同样解说"锡格麻"这字母。   B

泰　焉有元素之元素可言? 苏格拉底,"锡格麻"是辅音字母,

仅有声如舌之作声嘶嘶；"贝他"及大多数辅音字母并无声；——谓其无可解说，很对。发音分明的七个元音字母亦仅有音而无可解说。

苏　朋友，至此为止，我们关于知识问题讲得对。

泰　似乎讲得对。

C　苏　然而说字母不可知、音段可知，是否无可指摘？

泰　似乎无可指摘。

苏　再讲音段，音段是两个或两个以上凡其所有的字母，或是字母拼合而成的一物？

泰　我想是其所有的字母。

苏　就两个字母而论，"锡格麻"与"欧媚卡"是贱名的第一音段。知此音段者无不知此双母；是不是？

D　泰　是。

苏　并知"锡格麻"与"欧媚卡"双母。

泰　是的。

苏　焉能不各知其单而并知其双？

泰　苏格拉底，这是奇而且妄。

苏　若是须知其单、乃知其双，亦必先知字母。后知音段。于是我们美妙的理论不期然而落空了。

E　泰　而且意外地快。

苏　我们疏忽了。也许应当认为，音段非其所有的诸字母，乃是成于字母、异于字母，而自具其特质的一物。

泰　极对。也许如此较符事实。

苏　必须缜密探察，不可慢于洋洋动听的理论而敬谢不敏。

泰　必不可。

苏　便如此刻所云,假定音段是成于字母之各样配合、异于字　204
母,而自具其特质的一物;字与其他一切复合体并皆如此。

泰　无疑。

苏　然则其内必不能有部分。

泰　何以然?

苏　因为,有部分者,其全体必等于其所有一切部分。或者你
认为,由部分构成的全体也是自具其特质的一物,异于诸部分之
集合?

泰　我认为。

苏　你说总计与全体是同是异?　　　　　　　　　　　B

泰　我不能确定。你既让我大胆答复,我就冒昧说其是异。

苏　泰阿泰德,大胆是对的;答案是否对,还要待考。

泰　当然要待考。

苏　依此刻的话,全体异于总计?

泰　是。

苏　然则总计与其所总的一切是否有别? 例如:说"一、二、
三、四、五、六";或说"二倍三""三倍二";"四与二""三与二与　C
一";——在这些方式上说的是同物、还是不同物?

泰　同物。

苏　说的无非是六?

泰　无非是六。

苏　各样说法都是一并说构成六的一切数。

泰　是的。

苏　一并说构成六的一切数,不是说其总计吗?

　　泰　必然。

　　苏　此总计就是六?

　　泰　是的。

D　　苏　凡有数构成之物,其数目的总计岂不等于其物的全部?

　　泰　似乎如此。

　　苏　我们再从另一方面说明:一亩的方尺数等于一亩;等否?

　　泰　等。

　　苏　一里的尺数也等于一里;等否?

　　泰　也等。

　　苏　军队中的人数与军队,乃至所有类似之物,岂不皆然? 凡此等物,其物之内的总数等于其物诸部分集成的全体。

　　泰　是的。

E　　苏　凡集体内之众单位的数岂不就是该体所含的诸部分?

　　泰　就是。

　　苏　凡有部分者是部分构成的?

　　泰　显然。

　　苏　我们承认,物内的总数既等于物内诸部分集成的全体,物的一切部分便亦等于物的总计。

　　泰　是如此。

　　苏　若依方才的话、认为全体异于总计,则全体不是由部分构成的;因为,由部分构成者等于其一切部分,便亦等于其各部分之数目的总计。

　　泰　似乎不是。

　　苏　部分除为全体的部分,更为何物的部分?

泰　亦为总计的部分。

苏　泰阿泰德,你应战颇壮烈。计其所有、毫无遗漏,是为总 205
计;然否?

泰　必然。

苏　全体一无欠缺,与总计岂非同物? 有欠缺者非全体,亦非
总计。同此原因,二者同物。

泰　此刻我想,总计与全体无别。

苏　我们岂不曾说,有部分者,其全体及其总计即其所有一切
部分?

泰　当然。

苏　回到方才我所要阐明的一点:音段若不等于其所含的字
母,其所含的字母岂不必非音段的部分;音段若等于其所含的字 B
母,其所含的字母岂不并与音段同为可知?

泰　是如此。

苏　岂不是为要避免此果,才假定音段有别于其所含的字母?

泰　是的。

苏　然而,字母若不是音段的部分,你能否舍字母而另举其他
为音段的部分?

泰　绝不可能,苏格拉底;承认音段有部分,却舍其所含的字
母而另求其他,这可成了笑话。

苏　泰阿泰德,依此刻的话,音段必是绝不可分解的整一体。 C

泰　似乎是的。

苏　朋友,记否片刻以前,我们自以为知言,曾说:构成万物的
元素不可以理解,因其自身非复合体;甚至不得附加以“存在”“彼

此"等辞,此等词指元素以外有别于元素之物,——因此,元素不可知、不可解?

泰 记得。

D 苏 元素之为单纯的整一体而不可分解,此因之外别有因否?我看不出其他原因。

泰 似乎别无原因。

苏 音段若是不可分为部分的整一体,与字母岂非一丘之貉?

泰 毫无疑问。

苏 然则,一方面,音段如等于若干字母、是以字母为部分而合成的全体,音段便与字母同为可知可解,如果部分集合等于全体。

泰 极对。

E 苏 另一方面,音段若是整一而不可分解,便与字母同为不可知不可解;同一原因使其同是如此。

泰 我不能别有所建白。

苏 所以我们必不同意或人的话,说音段可知可解,而字母不然。

泰 坚持我们的论点,就不同意。

206 苏 据你学识字的亲身经验,你是否宁愿接受反面的说法?

泰 如何的说法?

苏 无非如此:学识字时,不断以眼与耳辨别每个字母,使其位置不至颠倒错乱,无论口说手写。

泰 讲得极对。

B 苏 乐馆中最高造就莫过于辨音入微、一听便知出于何弦;音调岂非人人所共认为音乐的元素?

泰 最高造就莫过于此。

苏　然则,据字母与音段的经验推到其他,我们可说,彻底把握各门学问,元素之类较之复合体提供更明晰而有效的知识;有人说复合体可知、元素本质上不可知,乃是有意无意开玩笑。

泰　正是。

苏　我想还能求得其他证据,然而不要顾彼失此、忘记目前问 C 题:真实意见加以理由解说而提供最完备的知识,此语究竟云何?

泰　必须留意此问题。

苏　然则"理解"一辞究竟何所指? 我想三者必居其一。

泰　三者为何?

苏　第一,以名词与谓词通过语音弄清思想,把意念寄托在流 D 于唇齿的言泉,如物映在镜中或水面。你想理解是否如此之物?

泰　我想是的。如此从事,谓之解说。

苏　这是人人迟早所能;除非生来聋哑,都能以辞达意。据此,凡有正确的意念者显然兼有理解,而正确的意念离知识绝不存在。　E

泰　诚然。

苏　然则其二,未可轻议对知识问题持此说者言之无物。我 们此刻所推敲或非其本意,其本意或在于:能历举一物的元素以答 207 一物为何之问。

泰　例如什么,苏格拉底?

苏　例如赫西俄德[①]有句云:"聚百木而成车兮"。你我虽不能遍举造成车的一百块木材,然而答车为何之问,能举辐、轴、轭、车身、车厢,亦足以餍人意。

_____

① 古希腊诗人;此句见其《工作与时日》(*Works and Days*),454。

泰　确然。

苏　问车为何者还许讥笑我们正同舍字母而仅举音段以答请
B 教大名者之问,因所想所答无讹,便自命为小学家,对大名"泰阿泰
德"一字,怀着并提出小学家的理解。其意为:此不过真实的意
念,尚非知识;正如前者所云,对一物的真实意念未加以历举此物
的元素,不可能提出对此物知识上的理解。

泰　诚如前者所云。

苏　他固然承认我们有关于车的真实意念,然而并能历举百
C 块木材以解说车的本质,才算真实意念加以理解;如此,因其以元
素解说全体,便是达到车之本质的专门知识,不但仅有意念而已。

泰　苏格拉底,你赞成此说否?

苏　朋友,你若赞成此说,认为:解说一物,从历举其元素说
起,才算理解,从音段或较大的单位说起,不算理解;——你的看法
D 若是如此,请告诉我,以便检查。

泰　我确是赞成此说。

苏　如果认为:彼此不同的物,有时此物、有时彼物、以同一元
素为其某一部分;彼此不同的元素,有时此元素、有时彼元素、为同
一物的某一部分;——倘其如此,你想,对该元素是否有所知?

泰　对着上帝说,我想,如此对该元素并无所知。

苏　忘记了,初学识字时,你与其他儿童就是如此?

E 泰　你的意思是否说:有时以此字母、有时以彼字母、为同一
音段的某一部分;以同一字母,有时置于适当的音段、有时置于其
他音段?

苏　是。

泰　对着上帝说，不曾忘记，我不认为如此有识字的知识。

苏　譬如学写时，写"泰阿泰德"，想第一音段应写成，并实际写成"替榻"与"厄伊"两字母；写"德奥多罗"，想第一音段应写成，并实际写成"他无"与"厄伊"；——我们承认其知二位大名的第一音段吗？ 208

泰　我们方才共认，如此并不为知。

苏　对第二、三、四等音段，安保其不如此？

泰　难保。

苏　若依各字母的次序写"泰阿泰德"，是否此字的所有元素一一了然于心，兼以正确意见而写成？

泰　显然是的。

苏　然而我们说，虽有正确意见，仍不足以为知识？

泰　不足以为知识。

苏　即使正确意见加以理解，尚且不足以为知识；至于字的所有元素一一了然于心而写成字，诚然是我们所谓理解。

泰　诚然。

苏　然则，朋友，正确意见加以理解，犹有未必堪以称为知识者。

泰　似乎如此。

苏　我们却似梦中暴富，幻想得到知识最真实的定义。或者暂缓定案，也许所谓理解并非指此。我们曾说"理解"之义、三者必居其一，以正确意见加以理解作为知识的定义者，也许属意于最后一义。

泰　你提醒得对，还有最后一义。第一义指寄托于语音的思想痕迹，第二义是顷之所云历举元素以达于全体；你说第三义指什么？

苏　众所共持之义：能言一物所以异于其他一切物的特征。

泰　例如能言关于何物的特征，可以开示我吧？

D　苏　例如关于太阳，言其为绕地天体之光度最强者；我想你满意于关于太阳的如此解说吧。

泰　完全满意。

苏　注意为何如此解说：因为，如顷之所云，若得一物与其他一切物的异点，据说便得此物的理解；仅得其同点，则理解只是关于同点所于属的诸物。

E　泰　明白。我想以如此解说谓之理解，良妥。

苏　对一物既有正确意念、加以兼得此物与其他一切物的异点，便是先对一物仅有意念、进而达到对此物的知识。

泰　我们是如此云云。

苏　泰阿泰德，此问题像一幅布景画，如今近观，反而一无所见，曩者远望，却似其中有物。

泰　何以然？

209　苏　尽我所能，讲给你听：关于你，有正确意念，再加以理解，才算知你，否则对你仅有意念而已。

泰　对。

苏　对你的理解是对你的异点之解说。

泰　是的。

苏　对你仅有意念时，心里毫不理会你所以异于他人处？

泰　似乎不理会。

苏　只理会到若干你与他人的同点。

B　泰　必然。

苏 我的上帝！如此，何以见得仅有关于你而不关于任何人的意念？假定心中思议曰："是乃泰阿泰德，圆颅方趾、四肢五官无不备之人也"；如此思议是否仅关于你，与德奥多罗无干，与所谓最鄙俚的穆细亚①人亦无干？

泰 焉能仅关于我、与他人无干？

苏 除五官齐全之外，兼设想其扁鼻露睛者，是否仅及于你、老夫与其他容貌相似者并置之度外？　C

泰 不然。

苏 我想，你的扁鼻之异于其他所曾见的扁鼻，以及你之所以为你、若未铭之于心，心里未必存着泰阿泰德这人的意念；既铭于心，次日相见，会起回忆，并致对你的正确意念。

泰 极对。

苏 然则，对一物的正确意念便亦有关此物的异点。　D

泰 似乎如此。

苏 据此，所谓"正确意念加以理解"者谓何？一方面，若云加以一物之所以异于他物的意念，如此反复叮咛只是可笑。

泰 何以然？

苏 已有一物之所以异于他物的正确意念，再加以此物之所以异于他物的正确意念。譬如，斯巴达政府传檄密授在外将领用兵机宜，以狭长如带的皮纸缠绕轴上横写檄文；使者除轴、卷而赍致军中，将领奉檄、舒而复缠于大小长短相同的轴上以辨识檄文；——写檄赍檄奉檄之卷舒缠绕，与杵在臼中碾物之旋转乃至任

---

① 小亚细亚西北部地区；其居人以鄙俚著称，遂成当时流行的口实。

E 何回旋机之回旋,其状俱不足以喻此说之反复循环。此说谓之盲
人指路,较切;重加其所已有、以求知其所熟虑者,如此极类盲人之
所为。

　　泰　　你方才发问时,还想说另一方面如何?

　　苏　　童子,另一方面,所谓加以理解若指求知一物的异点、非
但对其异点仅有意念,则此项关于知识最美妙的定义也许能达良
210 果;因求知便是求知识,是否?

　　泰　　是。

　　苏　　然则,问以"知识为何",答以"知识是正确意见加以对
异点的知识";"正确意见加以理解"之另一方面的意义似乎必达
此果。

　　泰　　似乎如此。

　　苏　　无谓之极! 研究知识为何,答案却说,知识是正确意见加
以对异点或对其他的知识。于此可见,泰阿泰德,知觉、真实意见、
B 真实意见加以理解、俱非知识。

　　泰　　似乎俱非知识。

　　苏　　朋友,关于知识问题,我们是否还有胎,或在难产中,或已
完全分娩?

　　泰　　对着上帝说,借助于你,我所宣布已超过区区所蕴蓄。

　　苏　　我们的接生术是否宣布所接尽是气胞、不堪抚养?

　　泰　　无疑。

　　苏　　泰阿泰德,经过今日的考验,此后你若愿再有胎,而且果
有,所有应是较健全的胎;即使不孕育,对人庶几免于鲁莽灭裂、较
为温良持重,有自知之明,不以所不知为知。吾术之能事止此,凡

古今大人先生所知，我一概不知。然而，我母子受此接生术于神，吾母操之为妇人，我操之为年少质美而虚怀的男子。

此刻我要到王宫前廊，申辩买类托士①告我的状。德奥多罗，D明早此地再会。

---

① 当时希腊雅典的一位无名悲剧作家，却以苏格拉底案件诸原告之一而著称。

智术之师

《智术之师》提要①

　　践前一天的约，德奥多罗和泰阿泰德在同一地点②与苏格拉
底相会；他们带来一位爱利亚地方的客人，德奥多罗把他介绍为真
正的哲学家。苏格拉底用半玩笑半认真的语气说：这位客人必是
神的化身，就如荷马所要说的，他来尘世，鉴临人间善恶，揭穿所谓
雅典智慧的愚陋。无论如何，他是一个神圣的人物，是凡眼难于识
荆的一流；此流现形多端，——忽而政治家，忽而智术之师，也时常
被看作疯子。"哲学家、政治家、智术之师，"苏格拉底一再重复这
几个字，说："我想请教我们的贵客，到底爱利亚人士对他们如何看
法，把他们当作一流呢，还是三流？"

　　客人曾被德奥多罗和泰阿泰德问过这个问题，此刻他便毫不
踌躇地答道：他们是被看作三流人，要说明他们的异点，那可就费
时了。他被逼作一个详细的说明，——或用敷陈的方式，或用问答
的方式。他喜欢用问答的方式，并且选定泰阿泰德做他的对手；泰
氏是他的旧识，苏格拉底也推荐他为对手。

---

　　①　节译周厄提的《柏拉图对话》（五卷本）第四卷《智术之师》前的"绪论与分析"之
分析部分（301—313 页）。
　　②　即《泰阿泰德》末所载，苏格拉底和泰阿泰德谈话结束分手时所约定次日再会
的地点。

　　他说：关于智术之师，名称方面，我们已经一致了，性质方面，还许未必同样一致。讨论大题材要通过浅近的例子。智术之师是个难于捉摸的动物，我想，在对付他以前，先从一个易于捉摸的动物下手，以它为逻辑的试验题材；渔夫如何？"好极了。"

　　第一层，渔夫是个技术者。技术有两种：一种是生产技术，包括耕种、制造、模仿；一种是聚敛技术，包括做学问、做买卖、争胜、猎取。渔夫的技术是聚敛技术。聚敛的途径或是交易，或是征服；征服或以力，或用巧。用巧征服叫作猎取，有猎取无生之物的，有猎取有生之物的。有生之物或是陆栖动物，或是水栖动物；水栖动物或是飞于水面的，或是居于水里的。猎取居于水里的动物叫作渔。渔有一种用围的，取鱼以网以筐；还有一种，或者夜间用枪用矛，或者日里用三叉把用钩，刺击拉钓的，——用三叉把是从上直刺鱼身而拉取之，用钩是从旁挂入鱼口而钓取之。这样，经过一系列的划分，我们达到了渔夫之术的界说。

　　现在，借这个例子，我们可以向前把智术之师的性质弄个明白。像渔夫，他是一个技术者；然而二人相似之处并不止此。他们俩同是猎人，猎取动物的，——其一猎取水栖动物，其他猎取陆栖动物。可是他们在这一点上分路扬镳，——一个下河入海；一个奔走财盛的泽薮和物博的园地，那里住着慷慨的青年。陆地上可以猎取驯兽或野兽。人是驯兽，以力取也可，以巧言蜜语说服也可，——可劫之以盗、以拐、以兵，亦可掳之以律师、以说士、以辩者。律师、说士、辩者们以说服人，说服或在私人场所，或在大庭广众之中。在私人场所行术的人，有的以礼物贻赠所猎的对象，这班人是恋爱者。有的是雇佣：雇佣之中，有的以谄媚换衣食；有的以教诲立身处世之道为职业，而收受巨款。最后这一流人是谁？告诉我他们是谁。我们不是已把智术之师发掘出来了吗？

然而他是一个多方面的动物，还可以在另一统系中追踪他。聚敛之术，除猎取的一支外，还有交易的一支。交易或与或卖；卖者或是制造者，或是贩卖者；贩卖者或是在地的坐贾，或是出口的行商；行商或输出身粮，或输出心粮。贩卖心粮的，一种可以叫作宣扬之术，另一种可以称为贩卖学问之术；学问或是技术的学问，或是德性的学问。卖技术的可以叫作技术贩卖者，卖德性的可以称为智术之师。　224

还有一个第三统系，在那里也可以追踪智术之师。他如果不把货物输出外邦，却在本地坐贾，不但卖其所卖，而且卖其所造，这样，难道不足以为智术之师吗？

也可以从聚敛之术的争胜一系下来，经过斗争、舌争、辩论各部分，最后在辩论的诡辩部分发现他，——在私人场所，辩是非的原则，而取得酬报。　225　226

他还有一个踪迹，我们尚未追寻到。我们的家奴不是常讲筛、簸、滤等事？他们也提到梳、纺一类的工作。这些都是分的手续。分有两种：其一是相似与相似的分开，其他是好与坏的分开。好与坏之分叫作清除。清除也有两种：有生物体的（有内有外的）清除和无生物体的清除。医药与体操清除内部的有生物体，沐浴清除外部的。无生之物的清除，如砑、如漂，以及其他微贱的手续，——有的名称可笑得很。辩证法对名称或人物无所重轻、对微贱的职业并不鄙视，概不较量其作用之大小。辩证法以知识为目标，要了解各技术彼此间的关系如何，也要尽先知道打猎与除害、与将兵，　227

性质上有什么分别。辩证法只求个一般的名称,能把心的清除和身的清除分别开的。

228　　　清除是去掉坏的。心上有两种坏的东西,其一好比身上的病痛,其他好比身上的残疾。心上的病痛是原则宗旨的不谐不睦;心上的残疾是不均不称,没有达到适可的程度。不均不称的畸形状态起于无知,——无知不是出于自愿的,只是心在求知路程上的迷229惑乖离。正如医药治疗身上的病痛、体操治疗身上的残疾,改过治疗心上的不义、教育(希腊人的教育不只是技术的传授)治疗心上的无知。并且,无知有两种,单纯的无知和自负有知的无知。教育也有两种:一种是我们祖先旧式的道德训练,那是极烦而不大有效230的;另一种是比较灵巧的,从无知非自愿之观念出发的。灵巧的一种借本人的嘴驳本人的话,使他出口就是自矛攻自盾,指出他的话不一贯、相抵牾;结果,他不难人而难己,并且愉快而有效地治好了自己的成见,剔开了自己的茅塞。心医知道,他的病人除非经过疏导泻利,不能容纳滋补。以帝王之尊,假如他的心不曾经过洗涤清除,也是不洁不净的。

231　　　谁是行使清除的人?我也许不叫他们智术之师。可是他们与智术之师有相似处,正如兽中最温良的狗与最凶狠的狼。比方虽是浮滑肤浅的办法,然而目前姑且假定他们的相似处,以后也许可以推翻。那么,由分而清除,由清除而心灵上的清除,由心灵上的清除而训诫,由训诫而教育,由教育而出贵胄的智术之师的术——以揭穿自负为事的。然而我不认为,我们迄今已经发现了智术之师或者他的术最后证实是教育所要求的。我也不认为他能长久躲开我,因为每条路都堵上了。在我们最后进攻以前,且松一口气,算算他所现的形多少：（一）他是猎取富贵子弟而受酬的猎人；（二）他是贩卖心灵上货物的商人；（三）他是那种货物的零售者；（四）他是自己学问上商品的制造者；（五）他是辩论者；（六）他是成见的清除者，——虽然此点还被认为可疑。

以技术为业的人膺如许称号、有如许种类的知识，此中一定有问题在。称号之多和知识种类之繁，岂不足见其人并不了解其技术的性质？为了不至于对他误解，我们且看他的特点哪一个最突出。驾乎一切特点之上，他是一个辩论者。他自己辩论，也教人辩论，关于可见与不可见的东西，——关于人、神、政治、法律、角力、和其他一切。他能行行内行吗？"他不能。"那么，他怎能和行家辩论得圆满？"不可能。"然则他行术的手法何在，他为什么能从信服他的人那里得钱？"因为他被他们认为一切皆知。"你的意思是说，他像有一切东西的知识？"是的。" 232

233

假设有人，不说他要辩论一切，倒说他要制造一切，制造你我和所有其他动物，制造天地神祇，并且一切只卖几文钱，——这可成了大笑话；然而可笑程度并不过于他说一切皆知且能于立谈之间以廉价教给他人。模仿原是笑话，最文雅的笑话。画家就是自称制造一切的，儿童在一段距离上看他的画，有时认为实物。智术之师自命一切皆知，他也能欺骗与真理尚有距离的青年人们，——不是通过他们的目，而是通过他们的耳，以言辞代衣冠，引诱他们信他，以为虎贲果是中郎。然而他们年纪加长、接触了真实，便由经验而识破其假装的虚妄。因此，智术之师并无真知识，他只是一个模仿者或造像者。 234

235

现在，已经在辩证网的一角发现了他，我们且来分而再分，直

236　到捉住他为止。造像术有两种——肖像术和幻象术。幻象术可用
　　雕刻与绘画为例:雕刻绘画时常利用幻觉,更改图像上的比例,使
　　其作品适应观者之目;智术之师也在利用幻觉,他的仿品幻而非
237　真。这里发生一个困难,幻象的问题总离不开这个困难。因为,论
　　证中的话语正在说着"非存在"存在。"非存在"存在,这是伟大的
　　巴门尼德一生在诗文里所否认的;他说:"你绝不会遇见'非存在'
　　存在。"言语本身自作证明!"非存在"不能加于"存在",因为任何
　　存在怎能把存在完全抽掉[而成非存在①]? 并且,每一谓词都有
238　单数或复数。数是一切之中最真实的,而且不能加于非存在。所
　　以,"非存在"不能作谓词,也不可说;因为,我们怎能离开数而说
　　"存在"或"不存在②"?

239　　　现在发生一个最大的困难。非存在若是不可想象的,如何能
　　驳? 我此刻岂不自相矛盾,——在一或多的数目上,说我所否认有
　　一与多的东西? 泰阿泰德,你正年壮力强,我恳求你格外加勉;如
　　果做得到,找一句话来说非存在,而不隐含存在与数目。"我可做
　　不到。"那么,智术之师必是仍然留在他的洞里。我们若是愿意,可
　　以称之为造像者;可是他就要说:"请问,像是什么?"我们答道:"水
240　里或镜中所反映的东西。"他又要说:"我们且闭目而用心,想想所
　　有像的共同概念是什么。"我要答复:"像实物的另一物。"真的,或
　　是不真的? "不真的,至少不是真正真的。"真者"存在",非真者"不
　　存在"? "是的。"那么,像实在非真,本质上不存在。至此,"存在"

---

①　方括弧内的字是译者所加,以托出原文言外之意。
②　此"不存在"是复数的。

与"非存在"的问题相当复杂,面貌不清的智术之师就在这里把我们纠缠住了。他立刻要指出,他正在逼得我们自相矛盾,——肯定 241 "非存在"存在。我想我们千万不要再在模仿者这一类中寻他了。

我们要放弃他吗? 我说,当然不放弃。那么,我恐怕不得不对我的祖先巴门尼德下手。因为,无路脱离困难,除非指出在某一意义下"非存在"存在;这一点不承认,就没有人能说到假,或假意见, 242 或模仿,而不陷于矛盾。你看得出我如何不愿承担此事,因为我知道,说"非存在"存在,便自贻不一贯之讥。然而,我若要尝试,就不如从头起。

贸然在我们年轻的时候,巴门尼德和其他的人对我们讲宇宙起源的故事:一位讲到三个元质相争而复归于和好、而结婚生子;另一位讲到两个元质,热与冷或燥与湿,也形成关系。还有我邦的爱利亚派,主张一切是一,——此说起于克曾诺放内士,甚至于更前些。伊奥尼亚和较为近代的锡概雷这两个地方的穆萨们,讲到 243 一与多相敌相友又分又合而结合一起。他们之中,有的不坚持永久的斗争,而采取较为温和的论调,只说斗争与和平互相更迭。他们究竟对不对,谁能说? 一点我们可以断言,他们自讲自的,不大顾到我们了解不了解。告诉我,泰阿泰德,你了解他们的意思吗? 他们讲一、讲二元或二元以上的合与分,你了解吗? 我年轻的时候,时常以为完全了解有关"非存在"的问题;而今呢,甚至关于"存在"的问题,也是处于重重的困难之中。

让我们首先进行研究存在。我们对二元论的哲学家说:存在是否热与冷之外的第三元素? 或是你们以其一或并将二者等于存 244 在? 无论如何,你们不能免于把那些元素化归于一。让我们其次质问那班主张一元的人,对他们说:存在与一是同物的两个异名吧?可是,唯有一,怎能有二名?或者你们把存在与一等同起来;然而这样,名就或是无物之名,或是自身之名——即名之名。并

245 且,按巴门尼德的话,"存在"的概念是以整体而设想的,"如圆球之面面包容"。整体有部分;有部分的就不是一,因为一没有部分。那么,存在之为一,是否因其部分是一?或者我们说,存在并非整体?如前之说,存在以其部分之为一而成一,一就是各部分合成的;如后之说,存在并非整体,那么仍是有多,——就是,存在和存在之外的一个整体。并且,存在若不是一切,便是于存在的本性有所欠缺,这就成了非存在。存在也始终不能成为存在,因为,除非整体地,不能成为存在;存在也不能有数,因为,有数的是数之整或数之和。考虑"存在"问题积累许多困难,这些不过其中的几个而已。

246 我们现在可以转到较不精密的一流哲学家们。他们之中,有的把一切拖到地下来,像巨人那样,抱着石头,握着槲干,投入战争。他们的敌人,却从不可见的世界,机警地作自卫的应战,把敌方的物质化为极微的琐屑,直到在生灭迁流中归于乌有。后一流人有充分的文化;那唯物论者们却粗鲁而不晓辩术,他们必须受过教,才懂得如何辩论。然而,为辩论起见,我们可以假定他们超过其实际程度,能申己说。他们承认有有死的生物存在,那是含有心

247 灵的躯体;他们也不否认心性赋有品德——智、愚、义、不义。据他们说,心灵有一种体,然而不肯断言心灵的品德究竟是物质的呢,或者不是物质的存在;在这一点上,他们开始作出区别。"地的贵子啊,"我们对他们说,"可见与不可见的品德若是都存在着,'存在'一词所赋予它们的共同性质是什么?"他们不能答复这个问题,

我们可以替他们答复,说存在是施或受的能力。然后我们转到主
张型式的朋友们,对他们说:"你们把变迁和存在分开吧?""是的。"
他们答复。"你们通过身体上的感官与有变迁,通过思想与心灵与
有存在?""也是的。""与有"一词,你们理解为施或受的能力? 对这 248
一点,他们答复(我认识他们,泰阿泰德,我知道他们的心意比你清
楚。),存在不能施、不能受,变迁却能。我们再问,心灵知吧? 存在
被知吧? 难道"知"与"被知"不是施与受吗? 被知者受知的影响,
因此在动中。并且,我们怎能想象,十全的存在仅仅是个长存永在
的型式,而缺乏动和心灵? 因为,没有心灵,不能有思想;而且心灵
不能无动。可是,思想或心灵也不能缺一个静或定的根。正如孩 249
子们苦求说:"两个都给我们",哲学家也必须包括动与不动二能在
他的"存在"观念中。唉! 哲学家和我们并处于同样的困难——我
们所用以指责二元论者们的困难;因为,动与静是矛盾的东西,二
者怎能并立? 主张二者并立的人,其意是否说,动就是静、静就是 250
动?"不;他的意思是说、有个第三东西存在,异于二者,不静也不
动。"然而,怎能有个不静也不动的东西? 这是关于"存在"的第二
个困难,不小于关于"非存在"的困难。我们可以希望,对一方面的 251
一线曙光也照到其他方面。

　　我们暂且把这些东西搁下,考究同一东西赋有许多名称,如把
"白""好""高"等名赋予人,这是什么意思。由此,老幼浅薄的人取
得玩弄的机会;他们贫乏的脑筋拒绝以一物称谓他物,他们说,好
是好、人是人,若以其一申说其他,就要变成以多为一、以一为多。
让我们把这班人放在我们以前的反对者一流,同时一起质问他们,
我们是否要假定:(一)存在与动、静,以及其他一切,是彼此不相通

的;或者(二)它们都有不可分解的相通处;或者(三)其中有的相
252　通,有的不相通? 我们先来考虑第一假定。

　　(一)我们如果假定各类型全是彼此分隔而绝无相通处,所有
理论便一扫而空;无论主张动或静的一元,或不变不动之众型的多
元,这些主张一概基础动摇;所有造物的理论:或合或分,合以或分
为有限或无限的元素,合与分或相间或连续,——这些理论统遭同
样的命运。那反对以一物称谓他物的人们,其狼狈之状尤其不堪,
他们像腹内怀声的怪人欧吕克利士,自己胸中有声反驳自己;因
为,他们不能不用"在""除外""由于其他"等类似的字样,这样,对
方就免于费口舌去驳他们。(二)假如一切事物彼此相通,动就会
静、静也会动;这又归于矛盾。这样,三个假定,其二已经证实是错
的了。(三)第三假定认为,只有若干事物彼此相通。字母中,有若
253　干与其他相合;音阶上,有些调与他调相合;它们相合不相合所遵
守的规律是文法家和音乐家所了解的。有一门学问,不但教导什
么字母和音调彼此相合与否,却教导什么类型彼此相合与否。这
是一门高贵的学问,我们无意中忽略了;我们寻智术之师,倒遇见
了哲学家。他是一位宗师,发现散中有总的贯穿着,或众事物中有
个型贯穿着,这样总的型,有许多会合而统属于一个较高的,有许
多完全分立。他是真正的辩证家;像智术之师,他是难于识荆的,
可是为了与智术之师相反的原因:智术之师躲在"非存在"的黑暗
254　中,哲学家却以其光的灼烁而致凡眼失明。现在我们离开他,回转
来追踪智术之师。

　　同意了第三假定的真理,认为有些事物和若干其他相通、有些
事物和所有其他相通,我们且来考察那些最主要的类型,能于彼此

参合的。这样做,我们也许发现,在某一意义下,非存在可以说是存在。最高的类型是"存在"与"动""静"。静与动彼此相拒,二者却包括于存在中;动与静各自同于己,而彼此互异。"同""异"二字的意义是什么? 是否"存在""动""静"三个类型之外,还有两个加上? 因为,同不能是静或动,它是并以称谓静与动的;存在也不能 255
是动或静,因为,若以存在赋予动、静二者,也要以同赋予它们。也不能把异等于存在;因为,异是相对的,若把它等于存在,它就有了"存在"的绝对性。所以,我们必须假设一个第五元素,那是普遍的、贯穿一切事物的,因为每一事物异于一切事物。这样,就有五个元素:(一)存在(二)动(三)静(四)同(五)异。动不是静,而且,因其与有同和异二者①,它是又不是同于己②,是又不是异于异乎己者③。并且,动不是存在,只是与有存在,因此,它在最绝对的意义下,又存在又不存在。这样,我们发现,"非存在"是"异"的元素,贯穿着一切,"存在"也不除外。那么,"存在"是某一事物,"非存 256
在"包而且是所有其他事物;"非存在"不是"存在"的反面,只是异 257
于"存在"者。知识有多门多科,别门异科也同样多,每个别门异科都在其所别所异的某门某科上加个"非"字。非美与美、非义与义,同样实在。非美的本质和美的本质分立对立。这样的对立与否定 258
是我们所探讨的非存在,是存在的一种。这样,虽有巴门尼德反对在前,我们却不但找到了存在,还发现了"非存在"的性质,——那

---

① 即上文所谓"各自同于己,而彼此互异"。

② 己即动本身。

③ 异乎己者即静。

259 个性质,我们发现是关系。在各类型的相通上,存在与异互相渗透;异存在着,但异于"存在",也异于每个和所有其余的类型,因此,在无穷的情况下,异是"非存在"。论证已经指出:找矛盾是幼稚而无效的;把对方的话,按其本意加以批判,这是比较高明的态度;
260 而专找对方的矛盾,和后一办法刚刚相反。最不合哲学精神的,莫过于否定各类型间所有的相通处。我们幸而已经肯定有相通处,还为了另一原因,就是:继续追寻智术之师,我们须要考察言语的性质,而言语若无相通处,便不能存立。智术之师虽不能再否认"非存在"存在,也许还会认为"非存在"不可说,不能入言语的范围;像他以前那样说,因无"非存在"而无暇,他也许会继续强辩,因"非存在"不能入言语,而无造像术与幻象。这就必须考察言语、意见和想象。

　　首先研究言语。关于字,我们且提出同一的问题,那是以前关
261 于"存在"的类型和字母所提过、而已经得到答案的;问题是:字可以相合到什么程度? 若干字彼此相合而有意义,若干不然。一类
262 字指动作,另一类字指动作者:"行""跑""睡"是第一类的例子,"鹿""马""狮"是第二类的例子。然而,字相合,必须有动字与名字①,例如"人学"。最简的句子由两不字组合而成,其一必须是主词。例如:在"泰阿泰德坐着"这个短句中,"泰阿泰德"是主词;在
263 "泰阿泰德飞着"一句里,"泰阿泰德"也是主词。然而,两句在性质上不同:第一句关于你说了真的事;第二句关于你说了假的事,换
264 句话讲,把于你不存在的事当作存在的加于你身上。这是最短的

---

① 原文是否定语气,应译为:"没有动字与名字,字就不能相合"。然而如此译法,与下文正面的例子("人学")不相配合,易起误解,故改译为肯定语气。

一句假话。不但言语如此,思想、意见、想象,也都证实有真有假。思想只是无声的言语,意见只是随思想而起的同意或不同意,想象只是意见的表现在知觉的某一形式上。它们都是类似言语的,所以,像言语那样,有真也有假。我们已经发现了假意见,这对于其他的研究预示着可能成功的吉兆。

　　现在再回到我们对肖像术和幻象术的老分类。我们以往要把智术之师归于那两类之一的时候,曾经有过疑问:既没有假这东西,究竟能不能有幻这东西? 最后发现有"假"存在着,我们也承认了,智术之师要在模仿者一流中去寻。我们原把所有技术分为两支——生产的和聚敛的。现在我们可以将这两支①在另一原则下,分为源于人的创造或模仿的,和源于神的创造或模仿的。我们必须承认,世界、我们以及动物,等等,不是偶然存在着,也不是自然界自发出来的,而是成于神的理性与知识。不但有神的创造,也有神的模仿;如怪象、阴影、反照,等等,一律是神的心意的制造品。并且,有人的创造和人的模仿,——有真的房屋和画的房屋。我们切莫忘记,造像可能是实物的模仿,也可能是物形的模仿,——后一种的,我们叫作幻象。幻象又可分为以工具仿成的和本人自己装扮出来的。自己装扮出来的或是有意冒充的,或是不知不觉的。泰阿泰德,人家不认得你,就不能模仿你;可是他能模仿德、义的形似,只要略得其意而加以揣摩。因为名称不大够用,我们姑且把前者称为真知灼见、根据学识的模仿,把后者叫作逞臆忖度、根据意见的模仿。

265

266

267

---

　　① "两支",原文'both',似有误。应作"生产的一支"。请看《智术之师》265B。

后者是我们此刻有关的对象,因为,智术之师在学问或知识方 268 面没有他的份。仅有意见的模仿者,或是单纯的、自以为知的,或 是假冒的、自知其无知而加以掩饰的。从事假冒的模仿者,或是作 长篇大论的,或是以较短的言语逼得和他交谈的人自相矛盾的。 作长篇大论者是演说家,以较短言语与人交谈者是智术之师。剖 析智术之师的术,可在如下的统系中表现出来:

造像术——幻而非真的——要言语把戏的——属人而不属神 的——无知识的——假冒的——专找矛盾的①

---

① 周厄提此表欠完备,次序亦有颠倒处。康复尔德有一表,完备而次序正确。兹 译制如下。读者不妨以康氏之表为参考标准,并请参看本书《智术之师》正文最后一个注。

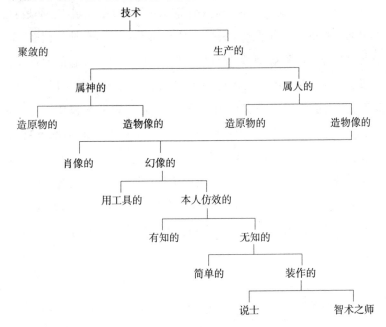

智术之师

（或论存在：逻辑的）

人物　德奥多罗　苏格拉底　爱利亚地方的客　泰阿泰德　

德　苏格拉底，如昨天的约，我们来了，还带了这一位客人。他
是爱利亚地方的人，巴门尼德和芝诺之徒，一个真正的爱智者①。

苏　德奥多罗，你所带来的也许不是客，莫非一位神，像荷马
所说的？他说，神们——尤其是异域的神——往往跟随着那班虔 B
心的人，到处监察人间的善恶。跟你来的这位客尽许就是上界的化
身，好辩的神，来监视我们、反驳我们，——我们在言论上何等幼稚！

德　这位客人不是这样的人，苏格拉底。他在一般好辩者中， C
算是比较稳重的。我绝不以他为神，可是我想他也几乎是神；我常
用这个名号称呼这一流哲学家们。

苏　对的，朋友。据说这流人也不见得比神容易察得出。他

---

① 希腊原文 φιλόσοφος，本是状字。"φιλο-"是爱好的意思，"-σοφος"是智慧的意
思。后来当名词用，指爱好智慧的人，今质译为爱智者。日本人通过西方现代语译为
哲学家，我国学者袭用已久，今已成了通行的名词。

们——真正的，非冒充的哲学家，因大家察不出，装着各色各样的
身份，周游列城，高高在上地下望人寰。有人以为他们了不起，有
D 人觉得他们一文不值。他们有时装作政治家，有时装作智术之师，
有时使人觉得他们简直是疯子。如不冒渎，我很愿意听我们的贵
217 客说说，他那地方的人对此作何观感，取何名称。

　　德　你要听什么？

　　苏　智术之师、政治家、爱智者。

　　德　你所最感困难，心里想问的是什么东西，是何种问题？

　　苏　是这个问题：他们以此把三人为一流，或者两流，或者按
三个名称分成三流，——每流一个名称？

　　德　我想他没有什么不愿说的。我们可要怎么说，贵客？

B　　客　像你所讲的，德奥多罗，我并没有什么不愿说的。不难断
定他们以此三人为三流；为各流下明确的界说，却不是轻而易举的事。

　　德　真地怎么这样巧，苏格拉底，你的问题刚刚和我们没到此
地以前所问他的一样。他方才对我们推辞，正像此刻对你。可是
他自己也承认，关于这问题的讨论，听过很多，而且还记得。

　　苏　贵客，千万不要拒绝我们初次的请求；请你告诉我们这一
C 点：你是惯于哪一种办法，——用长篇大论独自发挥个人所要讲的
呢，或者用彼此问答的方法？例如巴门尼德就用过这方法，把微妙
的理论托出。当日我在场；那时我还是少年，他已经老态龙钟了。

　　客　苏格拉底，对方如果干脆而不噜苏，用问答就容易，否则
D 不如我一人独讲。

　　苏　你可以由在座中挑一个合意的；他们无论哪一个，都会客
客气气地跟你问答。你若听我的话，就挑一个年轻的——在座的

泰阿泰德;或者你意中的另一位。

客　苏格拉底,我觉得不好意思,此刻初次和你们见面,不谦让着用一言半语酬应,却高谈阔论起来,或是自己发挥,或回答人 E
家的问话,好像显本事似的。然而事实上,问题并不像根据所提出而估计的那样简单,倒要费许多口舌呢。另一方面,推却你的和在座的要求,在我似乎显得不客气而无礼,尤其是你既这么说了。所 218
以我竭诚地欢迎泰阿泰德同我问答,一则因为你的怂恿,再则因为我以前和他谈过。

泰　贵客,按苏格拉底的话这么做,你能得大家的同意吗?

客　这一层似乎不用再讨论了,泰阿泰德。我想往后的问题都要对着你发。你若不耐烦,不要怨我,怨在座你的朋友们。

泰　我此刻想不至于支持不了。万一如此,我们可以请这位 B
和苏格拉底同名的朋友参加,——他和我同年,体育馆中的伴侣,并且常常跟我一起做许多事。

客　你说得对,等讨论进行的时候,你自己酌量着办罢。你我要共同研究,我想先从智术之师下手,找出他究竟是什么人,并说明理由。关于他的问题,你我只有一个共同的名称,至于这名称所 C
指的东西,在我们心目中也许各不相同。关于一切事物,与其默然公认一个名称,总不如对事物本身用言语来讨论个同意。我们此刻想要探讨的智术之师这一流人,不是顶容易找得出他们究竟是什么人。大家老早已经承认,假如大的事情要做得好,就要先从轻而易举者,然后及于最大的。现在,泰阿泰德,这是我对咱们俩的 D
劝告,就是,我们既认为智术之师这一流人难于究寻,就要先把对付他们的办法施在其他好对付者;除非你有更简便的办法提出。

泰　我没有。

客　那么,我们要不要先经过小的,拿它比方大的?

E　泰　要。

客　有什么可以做比方的,——一方面,小而人人皆知,另一方面,并不比大者更容易讨论的? 钩拉渔渔夫如何? 他岂不是人人皆知,而又是个小角色吗?

泰　是的。

219　客　我希望他能如吾意,为我们指出线索,提供一项适当的界说。

泰　那可好了。

客　来吧,就这样从他入手吧:请告诉我,我们承认他有技术,或者无技术而有其他能力?

泰　他绝不是无技术的。

客　技术有两种。

泰　怎么呢?

B　客　耕田、牧畜、制造(如器具之类)、模仿,——这些最宜于以一个名称统之。

泰　如何统法,统于什么名称?

客　将物由无弄成有,叫作生产;物由无被弄成有,叫作被生产。

泰　对的。

客　我们方才所举的那些技术都有生产的能力。

泰　都有。

客　那么且把它们统称之为生产的技术。

C　泰　好吧。

客　其次是为学求知的一类,以及赚钱、争斗、田猎种种。其中无有能制作者,然而,一面用言语行动取得已产生已存在者,一面不容他人得之。由此看来,莫如把这些门类统称为聚敛技术。

泰　是的,再相宜不过。

客　聚敛和生产既尽一切技术的门类,那么,泰阿泰德,我们 D 应把钩拉渔之术归于两门中的哪一门?

泰　显然要归于聚敛一门。

客　聚敛岂不是有两种:其一是以礼物、工资、商品、自愿交换,其二是以言语行动强取?

泰　按你所说的,似乎有这两种。

客　强取也要分为两类吗?

泰　怎么分?

客　明的叫作争胜,暗的叫作猎取。　　　　　　　　　　E

泰　是的。

客　不把猎取分为两类又是欠妥。

泰　请说怎么分?

客　分为猎取无生之物的和猎取有生之物的。

泰　可不是,假如这两类果然存在?

客　可不存在? 猎取无生之物的一类,几种潜水术和其他类 220 似而无关紧要者除外,并无专称,且不备论。至于猎取有生之物者,既是一种猎取,就把它叫作生物猎。

泰　好吧。

客　生物猎不也可分为两类:一类是猎取陆行的动物(这一类又分成许多类,有许多名称),叫作陆猎;另一类是猎取水居的动物,叫作水猎?

泰　对极。

B　客　水居动物中，一类是有翅能飞的，一类是常在水里的？

泰　可不是？

客　猎取有翅能飞的水居动物统称为打水鸟。

泰　是的。

客　凡猎取常在水里的动物，差不多统叫作渔。

泰　是的。

客　这种猎取不是又可分为两大类？

泰　按什么分？

客　按围的办法和打的办法分。

泰　这是什么意思，如何分法？

C　客　一类：凡把四周的东西关住不外放的，叫作围。

泰　满对的。

客　筐、网、阱之类不是围的器具吗？

泰　是的。

客　我们可以把这种渔叫作围渔或类似的名称。

泰　可以。

客　另一类：凡用钩和三叉耙扑取者，必须统称为抓渔；或者
D　另有什么更好的名称，泰阿泰德？

泰　不必拘于名称，这个已妥。

客　一类：夜间在火光之下扑取者，我想渔夫们一致叫作火渔。

E　泰　完全对的。

客　另一类是白天扑取者，用钩或三叉耙，三叉耙上也有钩，
便统称为钩渔。

泰　是叫作这个。

客　由上往下钩的,我想因为总是用三叉耙钩取,所以大家称之为三叉耙钩渔。

泰　是有人这么称呼。

客　其余只有一类了。

泰　哪一类?

客　这样的一类:不用三叉耙由上往下扑中鱼身的任何部位; 221
而用钩抛于水里,扑中鱼头与嘴,然后举竿向上拉之。这种方向相反的扑法应当叫作什么名称?

泰　我们方才认为必须经过一番探讨的,现在似乎已告结束了。

客　现在,关于钩拉渔渔夫,你我不但已经公认了一个名称, B
而且对他的技术本身立了圆满的界说。一切技术中,一半是聚敛;
聚敛中,一半是强取;强取中,一半是猎取;猎取中,一半是生物猎;
生物猎中,一半是水猎;水猎中,所有取于水底的部分都叫作渔;渔
中,一半是抓渔;抓渔中,一半是钩渔;钩渔中,钩后由下往上拉的,
名副其实,叫作钩拉渔①。——这是我们此刻探讨所得。 C

泰　这可完全弄清楚了。

客　来,用这个做比方,设法寻究智术之师究竟是什么人。

---

①　按上下文的意义译为"钩拉渔"。原文 ἀσπαλιευτικὴ 和 ἀνασπᾶσθαι 有关。(见周
厄提英译本行里注);后一个字是拉上的意思。故直译应作"拉钩"——即用钩、竿、饵
钓鱼。竿头以纶系钩挂饵,抛入水中,鱼吞饵、钩刺唇,然后拉上;——这叫作钓鱼。上
文(220E 及 221)所谓"三叉耙钩渔",是以头上有钩的耙扑中鱼身,鱼被耙上的钩钩住
不得脱,举耙而得鱼。这种渔法,主要动作是扑中鱼身,故意译为"扑渔",于义较切。
"钩拉渔",如上所说,意译为"钓渔",于义亦较显。

泰　尽力寻究。

客　我们方才的第一个问题是：应把钩拉渔渔夫认为有技术的，或者一无所长的？

泰　这是我们方才的第一个问题。

D　　客　泰阿泰德，现在把我们所寻究的这一位认为不学无术，或者真是各方面的智术之师？

泰　当然不无一技之长；我懂得你的意思：他名为智术之师，其名称去实甚远①。

客　似乎我们必须假定他有一种技术。

泰　到底这是什么技术？

客　我的上帝，咱们难道不晓得，这人同那人本是一丘之貉吗？

泰　谁同谁？

客　钩拉渔渔夫同智术之师。

泰　怎么样？

客　我觉得他们同是猎人。

E　　泰　后一个是什么猎人？关于钩拉渔夫，我们已经说过了。

221　　客　我们方才把所有猎取分为两部分：猎取水居者和陆行者。

泰　是的。

客　猎取水居的部分，我们已经讨论过；猎取陆行者，不曾加以分析，只提到种类繁多。

222　　泰　完全对的。

客　由聚敛技术起，到此为止，智术之师和钩拉渔渔夫同在一

---

①　周厄提译文与原文不合。或因所根据的本子不同，待查。

条路上。

泰　他们俩似乎是的。

客　他们俩在生物猎上分路扬镳，一个转到江湖河海，猎取那里的动物。

泰　可不是。

客　一个转到陆地上，另一种的江湖，钱财和慷慨少年的渊薮，在那里取其猎物。

泰　你这话怎么讲？　　　　　　　　　　　　　　　B

客　陆猎中有两大部分。

泰　两大部分是什么？

客　猎驯者和猎野者。

泰　那么有一种驯猎？

客　有的，如果人也算作驯兽。随你怎么说吧：或说并无驯兽；或说其他动物是驯的，人是野的；或说人虽是驯兽，而没有人猎；——无所不可。你认为哪一种说法妥当，就采取哪一种立为界说吧。

泰　贵客，我想咱们是驯兽，同时也有人猎。　　　C

客　我们可以说驯猎也有两种。

泰　我们根据什么说？

客　抢劫、拐带、篡国、战争——这些我们统称为强猎。

泰　对极了。

客　法庭上的辩论、公开讲演、私人谈话，这些我们统称为说术。　D

泰　对的。

客　说术也可以说有两种。

泰　哪两种？

客　一种施于私人，一种施于团体。

泰　就算两种都成立吧。

客　私人说术中，一种是牟利的，一种是倒贴的。

泰　我不懂。

客　你似乎从不注意到恋爱者怎样追求对方。

泰　怎样？

E　客　他们不是不断地还给所追求的对象送礼物吗？

泰　你认得千真万确。

客　把这种叫作恋爱技术吧。

泰　满对。

客　牟利的说术之中，那种讨好人家，专以甜言蜜语为饵，结

223　果只换个生存的，我想可以叫作谄媚或奉承之术。

泰　可不是？

客　与人讨论进德修身，而要求钱帛为报的，这种不是应当另起一名吗？

泰　当然。

客　起个什么名？你试讲一讲。

泰　明显得很。我想咱们已经发现了智术之师是什么。这么说，我相信给他这个名称是适当的。

B　客　根据此刻的话，智术之师的技术是聚敛之术的强取部分，强取部分的猎取部分，猎取部分的生物猎部分，生物猎部分的陆猎部分，陆猎部分的驯猎部分，驯猎部分的人猎部分，人猎部分的私人游说部分，私人游说部分的牟利部分，牟利部分的收钱的教师，

教师中教富豪子弟的;——这似乎是必然的结论。

泰　完全对的。

客　我们还可以换一个看法。我们所探讨的不是一门小可的 C
技术,其实很复杂。在我们以前所讲的话里,似乎这技术又不见得
是我们此刻所认为的那样,倒是另外一种。

泰　怎么呢?

客　聚敛技术有两种:猎取部分和交易部分。

泰　是的。

客　要不要说交易也有两种:一种礼物相往来,一种商贾相
往来?

泰　就这么说吧。

客　可以说商贾也分为两部分。

泰　怎么分?　　　　　　　　　　　　　　　　　　　　　　D

客　分为自己产品的发卖和他人货物的贩卖。

泰　满对的。

客　贩卖中,几乎一半在本城里的,不是叫作坐商吗?

泰　是的。

客　此处买别处卖,从一个城市转到另一个城市,不是叫作行
商吗?

泰　可不是?

客　行商中,我们知道,有用钱币交易身体上的营养品和需用 E
品的,有用钱币交易心灵上的营养品和需用品的?

泰　这话怎么讲?

客　我们也许不知道心灵方面的,身体方面的我们大概总知

道吧。

　　泰　是的。

224　　客　且论广义的音乐①、绘画、魔术，以及其他涵养陶炼心性的东西，由一个城市转到另一个城市，一处收买，别处出卖；——凡做这种买卖的人称为商人，不比称那贩卖食品饮料的人欠妥吧。

　　泰　你说得对极了。

　　客　周游列城，把所收买的知识拿来换钱的，这种人是否用同
B　样的名称称呼他？

　　泰　绝无疑问。

　　客　这种心灵上的行商，一部分莫宜于叫作陈列表演的技术；另一部分，可笑的程度并不亚于前一部分，然而做的是知识的生意，——不是应该给它起个与其生意性质相近的名称吗？

　　泰　绝对应该。

C　　客　知识的生意中，凡贩卖其他技术上的知识的，应当起个名称；凡贩卖进德修身之知识的，应当别立一名。

　　泰　可不是？

　　客　"技术上的商人"，这名称适宜于其他技术上的买卖者；关于进德修身之知识的贩卖人，你可设法取个名称。

D　　泰　我们此刻所寻究的这一流人，除了称之为智术之师，此外还有什么别的名称可免错误？

————————————

　　①　音乐一词，希腊文为 μουσική，源于司理艺术的诸女神的称号"穆萨"（Μοῦσα），故其涵义实包一切艺术。但此诸女神所司以音乐为主，故此名又成音乐之专称。此处是指一切艺术，不是独指美术；译为广义音乐，以示此名之所特重与所兼包的意义。

客　没有别的，来，统括一句说:智术之师的技术似乎又是聚敛技术的交易①部分，交易部分的商贾部分，商贾部分的贩卖部分，贩卖部分的行商部分，行商部分中以言语和知识做心灵上的生意，——所谓德性的行商。

泰　对极了。

客　第三，假如有人迁居此城，半买半造，做这一类知识上的生意过生活，除了此刻的名称以外，我想你没有别的可以称呼他。

泰　还有什么别的?

客　聚敛技术的交易部分，交易部分的商贾部分，商贾部分中，无论他人货物的贩卖或自己产品的发卖，凡这一类知识上的生意，似乎总是把它叫作智术之师的技术。　　　　　　　E

泰　必须如此称之，为了要自圆其说。

客　我们再往下考究，看此刻所探讨的这一流人的技术是否还有其他类似的花样。

泰　类似什么的?　　　　　　　　　　　　　　　　　225

客　在我们心目中，争胜是聚敛技术的一部分。

泰　是的。

客　把它分为两部分，不算离奇吧。

泰　请说分成什么部分。

客　分成竞争和斗争。

---

①　上文(223C)说:"聚敛技术有两种:猎取部分和交易部分";"交易"原文是 ἀλλακτικόν。此处:"交易"原文却用 μεταβλητική;商贾(ἀγοραστική)之下缺贩卖(μεταβλητική)一类。兹为避免分类越级，根据上文，补入贩卖一类。

泰　是这样分。

客　甩武力一类的名词称呼肉搏方面的斗争，似乎近理。

泰　近理。

B　　客　泰阿泰德，言语方面的斗争，除了舌争以外，还有什么别的名词可以称呼它？

泰　没有。

客　舌争必须分为两类。

泰　怎么分？

客　关于"公义""不公义"，双方用长篇的话作公开的辩驳，这是法律上的辩驳。

泰　是的。

客　一问一答，用片言段语作私人的讨论，我们平常不是叫作辩论吗？

泰　是的。

C　　客　辩论中，凡商议契约而语无伦次、辞不雕琢者，按此刻的说法，必须别成一类；此类前人不曾立名，我们现在也犯不着立名。

泰　对的。这一类的分支太复杂太烦琐了。

客　关于"公义""不公义"的本质，以及其他事物的普遍性，那种有技术的讨论，我们平常不是叫作诡辩吗？

泰　可不是？

D　　客　诡辩中，一类是费钱的，一类是赚钱的。

泰　满对。

客　我们试说每类应得什么名称。

泰　要说的。

客　乐于诡辩而荒废了本人身家的事,其辩材对于多数听众却又索然无味的,这类诡辩,按我的意思,叫作饶舌再好没有了。

泰　诚然。

客　与此相反的一类诡辩,诡辩之对于私人而得钱者,其名称 E 是什么,现在可轮到你讲了。

泰　除了曾经追访而要第四次再出现的怪物——智术之师——以外,还能另举其他而免于错误吗?

客　那么,智术之师似乎不外于聚敛之术的争胜部分,争胜部 226 分的斗争部分,斗争部分的舌争部分,舌争部分的辩论部分,辩论部分的诡辩部分,诡辩部分的赚钱的一流。

泰　完全对的。

客　你瞧,果然说得不错,此动物确是变化多端;俗语所谓只手难抓的,可不就是它吗?

泰　那么就要用双手了。

客　必须用双手;而且尽我们的能事,追踪它的另一去路。告诉我,家奴所管的事,若干是有名称的吧?　　　　　　　　　　B

泰　多得很,你所问的是其中的哪几件?

客　这几件,如“筛”“簸”“滤”“分”,等等。

泰　可不是?

客　此外还有“梳”“纺”“织”以及我们所知的各种技术中无数的名目。是不是?

泰　你要用这些东西说明什么,以它们做研究什么问题的比方?

客　方才所举的都是分的事。　　　　　　　　　　　　　　　C

泰　是的。

客　按我推想,这些既是同一技术中的事,应当有个统一的名称。

泰　取个什么名称?

客　叫作分的技术。

泰　好吧。

客　看看我们能不能由此分出两类。

泰　你居然对我要求敏捷的观察力。

客　前面所举那些分的事上,有的是把坏的和好的分开,有的
D 是把相似的分开。

泰　你说的似乎不差。

客　其中一类,我不能举其名;那留好去坏的一类,我能举其名。

泰　说说是什么名称。

客　我想凡这一类的分,大家叫作一种清除。

泰　是这个名称。

E 客　人人都见得到清除有两种吧?

泰　也许久而久之就见得到;我此刻还见不到。

客　身体上的许多清除最好统于一个名称。

泰　身体上的什么清除,统于什么名称?

227 客　有生之物的清除,身内者如体操医药之所排泄,身外者如
浴室主人之所伺候,——讲起来猥屑得很;无生之物的清除,如漂
研布匹的工人和装饰匠所操的微业,似乎都有许多好笑的名称。

泰　对极了。

客　的确如此,泰阿泰德。用海绵和用药剂,到底哪一种清除
B 对我们益处大,在讨论的方法上,并没有轻重的不同。为明理起
见,只要了解一切技术中相关和不相关的部分;因此,对一切技术

作平等观,把它们拿来比较的时候,并不鄙夷其一而尊重其他。例如,猎取的技术之见于统兵将领者,并不比见于摸虱的高贵,只是虚声较大些罢了。现在呢,关于你所问应为一切物体上(无论有生无生的)清除的技术起个什么名称的问题,在讨论的方法上,名称 C 好坏没有关系,只要能概括一切物体上的清除、把心灵上的分开。现在是要把心灵上的清除和其他的分开,如果我们认清了目标。

泰　我认清了。我承认有两种清除,其一是心灵上的,和物体上的分开。

客　好极了。注意听我的后话,设法把此刻所讲的心灵上的 D 清除分作两类。

泰　你说到什么,我都勉力同你作种种的分析。

客　我们是否承认,在心灵上善恶有分别?

泰　为什么不承认?

客　清除是去掉所有不好的部分,而留下其他的。

泰　是的。

客　凡遇见把坏的由心灵中去掉,就叫作清除,这是合理的。

泰　最合理。

客　我们必须承认心灵上有两种坏的东西。

泰　哪两种?

客　一种好比身体上的病痛,一种好比与生俱来的残疾。　228

泰　我不懂。

客　或者你没想到病痛与不调和是同样的东西?

泰　对这一点,我也不知道应当怎么答复。

客　你是否把不调和认为不同于天然联系中因腐败而起的

分化？

　　泰　不是，它们并非两样的东西。

　　客　残疾岂不就是一种极丑的畸形状态？

B　　泰　可不就是？

　　客　难道我们没注意到：在卑恶的人的心灵中，意见和欲望作对，怒气和快乐作对，理性和痛苦作对，——诸如此类的不调谐？

　　泰　厉害极了。

　　客　然而这些必是天然地联系起来的。

　　泰　可不是？

　　客　那么，把罪恶当作心灵上的病痛与不调和是对的。

　　泰　对极了。

C　　客　假如能动的东西向所认定的目标每发不中，我们认为这是因为所用的动力相称呢，或者不相称？

　　泰　当然是因为动力不相称。

　　客　我们知道，心灵之愚昧是出于无意的。

　　泰　对极了。

D　　客　那么，愚昧不过是心灵趋向真理而入邪径的一种迷妄状态。

　　泰　完全是的。

　　客　因此，必须把愚昧的心灵认为残疾而失调的。

　　泰　似乎是的。

　　客　似乎心灵上有两种坏的东西：一种，大家叫作罪恶，极显然地是心灵上的病态。

　　泰　是的。

　　客　另一种，他们叫作愚昧；这只是心灵上所产生的罪恶，他们却不肯承认是罪恶。

　　泰　汝讲的时候我所怀疑的,现在必须承认,就是:心灵上有　E
两种罪恶——怯懦、昏淫、邪僻等统要算作我们心灵上的病态,许
许多多、各色各样的愚昧也要当作残疾看。

　　客　身体方面,不是有两种技术管那两种毛病吗?

　　泰　什么技术?

　　客　体操管残疾,医药管病痛。　　　　　　　　　　　229

　　泰　似乎有这两种。

　　客　所有技术中,治心之术,对于昏淫、邪僻、怯懦,等等,不是
最宜于匡救而纳之于正道的吗?

　　泰　按人的看法,可谓很近似了。

　　客　对待一切愚昧,谁能举出别的办法比教导更相宜的?

　　泰　没有别的了。

　　客　来,想一想:教导之术只有一种呢,或者有多种,而两种算　B
是最大宗的?

　　泰　我想着呢。

　　客　我想这样能够最快分晓。

　　泰　怎样?

　　客　看看愚昧能否平分为二。愚昧若成两部分,显然教导之
术也要有两部分,各管一部分的愚昧。

　　泰　咱们此刻所探讨的可发现了吧?

　　客　我想至少发现了一种大而惨的愚昧,和别的部分分开的,　C
其分量却等于其他部分的总和。

　　泰　哪一种?

客　就是以所不知为知。由此产生大家思想上的种种错误。

泰　果然。

客　我想有个名称专给这一种愚昧，就是蠢。

泰　对极了。

客　教导之术中，那去蠢的部分应当叫作什么？

泰　贵客，我想别的是工艺上的教导；这一种，在此地，因我们
D 的缘故，叫作启蒙。

客　泰阿泰德，几乎全希腊都用这名称。现在还得考虑一下：
到底这已经是不可分的呢，或者还可分，分下来的也值得命名？

泰　必须考虑。

客　我想这还有方法分。

泰　根据什么分？

E　客　用言语的教导，一种似乎比较粗暴，一种比较温和。

泰　我们要把它们各称为什么？

客　一种是为父对儿子的老办法，以前常用，如今还有许多人
230 用，就是：儿子做错了事，或怒骂，或婉诘。这统称为惩戒是最妥的。

泰　是的。

客　一方面，却似乎有人，经过了一番思考，相信一切愚昧出
于无意，凡自以为智的人绝不肯去学自己所认为精通的东西；然则
教导中的惩戒一类是劳而寡功的。

泰　他们想得对。

B　客　于是他们想用其他方法去纠正这种狂妄的心理。

泰　用什么方法？

客　用追问的方法，追问那说无谓的话而自以为言之有物的

人。这就容易发现他的意见无根无蒂。问答中把这些意见收集一起，排比一下，排比的结果证明：他的意见，甚至关于同一东西、同样关系、同一观点的，尚且彼此矛盾。经历过这种情境的人，方知自怨自艾，对人谦和；——这就是他们所以由自封自大的心理挽救出来。看人家挽救出来是一件痛快的事，被挽救的人便走上最平稳的路。我的小朋友，这班心灵上的清道夫同医生一样：医生认为身体上的障碍物没有清除以前，补品不能受用；同样，这班清道夫也认为心灵得不到教导的益处，假如不先用盘诘的方法折服那自满的人，使他自惭，涤除其胸中障碍求知的成见，使他明白自己只知其所知的，此外别无所知。

　　泰　这确是最好、最明智的态度。

　　客　因此，泰阿泰德，我们必须承认，盘诘的方法是清除中最大最有效的；未经盘诘的人，虽是一位大君王，还算最不纯明，依然不学无术，就真正幸福者所应具的最清明最纯洁的条件上说，还算有亏。

　　泰　完全对的。

　　客　好了，我们要把施行此术者叫作什么人？我不敢叫他们智术之师。

　　泰　为什么呢？

　　客　恐怕太尊重他们了。

　　泰　可是方才所讲的正合智术之师一流人的身份。

　　客　狼像狗，最野的像最驯的。稳健者的第一义在于留心相似的东西，这一类东西彼此界限最不分明。便假定是智术之师吧；我想若能留心，在小界限上就不必多争论了。

　　泰　似乎不必。

　　客　就算清除是分辨之术的一部分；再把关于心灵的部分从清除中分出，教导是关于心灵之部的一部分，启蒙是教导的一部分；启蒙的一部分是盘诘自负多智的人，这盘诘的部分，按方才所说明的理由，应当叫作那高贵的智术之师的技术。

C　　泰　就叫作这个吧。可是因为花样翻得这么多，我已经弄糊涂了，不知用切当的话应说智术之师实在是什么人。

　　客　难怪你糊涂；然而那人必是已经慌张极了，不晓得怎样还逃得过我们的追究。俗语说得对，躲开大众是不容易的事。现在要再接再厉地对付他。

　　泰　你说得妙。

D　　客　第一步先站住喘口气，休息的时候，我们自己心里盘算一下，看看这位智术之师到底在我们面前表现过多少花样。第一，他似乎是猎取年少富豪子弟的猎夫。

　　泰　对的。

　　客　其次，他是心灵上知识的商人。

　　泰　满对的。

　　客　第三，他岂不又显得是这类货物的贩卖者。

　　泰　对了。第四，他也是知识上自造品的发卖人。

E　　客　你记得不差。我自己要记起第五点来：他是言论上竞争的能手，诡辩术的专家。

　　泰　他是的。

　　客　第六点有商榷的余地，然而我们同意说，他是心灵的清道夫，扫除一切有碍知识的成见。

泰　完全对的。

客　你知道不知道，居一艺之名，而又显得多才多艺，这个现 232
象是非常的？凡对于任何技术存这个观感的，显然不能了解那技
术中诸节目的指归，所以才用许多名称称呼以一艺名的人。

泰　像这类的事常常有的。

客　在我们的研究中，切莫因为不勤谨而犯了同样的毛病。B
第一步，我们再提出方才所说的关于智术之师的一点。有一点最
能表现他。

泰　哪一点？

客　我们曾说他是一位辩论家。

泰　是的。

客　他不也是人家的教师，教这种技术的吗？

泰　可不是。

客　我们考究一下，关于什么东西，这流人自命能造就辩才。
我们可以这样从头下手：告诉我，他能否教人辩论关于大家所看不 C
见的神圣的东西？

泰　至少这是大家说他所能的。

客　关于上天下地眼所能见的东西呢？

泰　也能。

客　在私人场合中，若谈到普遍的生成与存在的问题，他不但
自己侃侃而辩，并且能使人家像他那样善辩？

泰　对极了。

客　关于法律和一切政治上的问题，他是否也承担造就辩才？D

泰　老实说，他不承担这个，就没有人要追随他学辩了。

客　关于技术上一般和特殊的东西,凡与行家辩难时所需要的,已经为了有志要学的人写下来,而且在某处发表过[①]。

E　　泰　你似乎是指普罗塔哥拉所著关于角力和其他技术的书。

客　也指许多别人的著作,好朋友。总而言之,辩论术所有的一套,不是应付一切辩论而绰有余裕的本领吗?

泰　诚然,它似乎无所不包。

客　不瞒上帝说,我的孩子,你相信这是可能的吗? 也许你们年轻眼明的人看得清楚些,我们昏眊的可看得糊涂。

233　　泰　什么呀? 你所说的特别指什么? 我还没有了解你此刻的问题。

客　我的问题是:一个人是否能知一切?

泰　贵客,那么我们人类太有福气了。

客　无知识的人怎能和有知识的人辩论而言之成理?

泰　绝无此事。

客　那么,智术之师的技术上的怪魔力到底是怎么一回事?

泰　关于哪一点的?

B　　客　在这一点上:他们能给年轻人一种印象,觉得他们在各方面都是最智慧的。明显得很,假如他们辩得不高明,或者年轻人不觉得他们辩得高明,或者觉得他们辩得高明、而不因其雄辩便以为其智出于人上,那么,按你的口吻,就难得有人情愿给他们钱,做他们的徒弟了。

---

① 此句补翁丛书英译本译为"被那有志要学……的人发表……",似与原文之意未合。

泰 难得有人。

客 可是现在有人情愿？

泰 多得很。

客 我想，关于所辩的东西，他们显得有知识。   C

泰 可不是？

客 我们说，关于一切东西，他们都这么做？

泰 是的。

客 那么，在徒弟们的心目中，他们显得无所不知。

泰 可不是？

客 然而他们并非一切皆知；这已经证明是不可能的。

泰 这如何可能？

客 我们已经证明，关于一切东西，智术之师只有逞臆的知识，其所知并非真理。

泰 完全对的。此刻所下关于他们的考语似乎最正确了。   D

客 给他们打个更明显的比喻吧。

泰 什么样的比喻？

客 这样的。请你十分留心答复我的问题。

泰 什么样的问题？

客 假定有人挟一技之长，对于一切东西，不自命能说能辩，却自命能创能行。   E

泰 你所谓一切是什么意思？

客 从头起，你就没懂得我的话，你似乎还不理会什么是一切。

泰 我不理会。

客 我所谓一切，你我都在内，此外，所有禽兽草木也在内。

泰　这是怎么讲的？

客　假设有人自命能造你我以及其他生成的东西。

234　　泰　他所谓"造"是什么？不会是农夫那样的造吧；你以前曾说农夫也会造禽兽。

客　是的,此外还造天、地、海洋、神明和其他一切。并且很快造成以后,贱价出卖。

泰　你可是说笑语。

客　若有人自命一切皆知,而且能在短时间内以廉价传授他人,这不是只好当作笑话看吗？

泰　只好。

B　客　笑话中,你能举出一种比模仿术更巧妙更滑稽的吗？

泰　不能。你所说的模仿,范围太广,形形色色,无所不包。

客　我们知道,自命能以一艺造一切者,尽可用写生的技术,制成实物的摹本,仿其状而取其名,从远处指给不精明的年轻人看,足以蒙蔽他们,使其认为他有莫大的本领,能造一切所要造的。

C　泰　可不是？

客　言语方面,我们不是也料到有一种技术,能够迷惑距离真理尚远的青年人？这种技术,用言语耸动他们的听闻,把万物的幻影印在他们的耳鼓上,使他们觉得所言是真、言者是上智。

D　泰　可不是有这么一种技术？

客　泰阿泰德,许多听众,经过充分时间、上了相当年纪、有了深切阅历,被艰苦的经验所逼迫,不得不认真探索事物的真相,放弃以往的见解;于是大或变小,易或转难,凡一向从言语所得的幻E　象全因实际事实而推翻了。这是不是免不了的情形？

泰　是的,至少以我这年纪所下的判断是这样。然而我是[像你所说的],离真理尚远呢。

客　所以我们在座要想法子,其实正想着,极力把你引近真理,免受艰苦的经验。现在关于智术之师的问题,请你告诉我:他是魔术家,真东西的模仿者,——这一点已经明白了呢;或者依然想着:他对于所显得能辩的东西,也许确有真实的知识?

泰　贵客,怎么还会有疑问? 由于方才所说的,他岂不显然是个献戏法的人吗?

客　那么,必须把他归于魔术家和模仿者一流。

泰　不得不归于这一流。

客　当心,不要让这只兽再跑掉。我们既把他圈在论证上关于这类问题的机关网,他就再也逃不出那一流了。

泰　哪一流?

客　逃不出变戏法的一流。

泰　我也觉得他是这样。

客　我们必须赶快分析造像术,分析的时候,如果智术之师在那里挺身待敌,我们就遵理性之王的命,捉住他,去献俘告捷;如果他躲进模仿术中的某一部分,我们就要再追,向前把他躲在那里的部分再加分析,直到捉住为止。无论是他,或别流的人,总不敢自负逃得出部分与全体兼顾周全的方法。

泰　你说得对,必须这样做。

客　按以往分析的办法,我觉得模仿术也可分为两类,可是这两类中的哪一类是我们所要找的,此刻我还看不出来。

泰　请你先分析,先告诉我们,你所讲的是哪两类。

E　　客　模仿术有一种是求肖的。尤其是长、阔、深，一按原物的比例，各部分还加上适当的颜色，——这样造成的模仿品是出于求肖之术的。

　　泰　可不是？所有模仿者不是都想这么做吗？

　　客　那班造大象画大图的就不然。如果照模美的原物之真实
236　比例，那么，你知道，便显得上部太小、下部太大，因为上部离观者远、下部离观者近。

　　泰　完全对的。

　　客　那么，工人造像不求真，不按实在的比例，只要显得好看。是不是？

　　泰　完全是的。

　　客　副本虽是副本，而逼肖原物；称之为肖像，不是很妥当吗？

　　泰　是的。

B　　客　这一部分模仿术，按方才的话，应当叫作肖像术？

　　泰　应当。

　　客　因观者在不适当的地点，模仿品显得像美的原物；假如有人眼力能够充分笼罩偌大的东西，甚至所谓像的也就成为不像的了；——这种作品应当叫作什么？因其只显得像，不是真像，把它叫作幻象，不可以吗？

　　泰　为什么不可以？

C　　客　这不是在画图和整个模仿术上，占一大部分吗？

　　泰　可不是？

　　客　把造幻象而不造肖像的技术叫作幻象术，不是最妥当吗？

　　泰　最妥当。

客　这就是我所讲的两类造像术:肖像术和幻象术。

泰　对的。

客　应把智术之师放在这两类的哪一类,我以前没有把握,此刻也还不能看得清楚。他真是一个不好窥测的奇人,现在又滑头 D滑脑地跑进迷迷惑惑难于追踪的一类里去。

泰　他似乎是这样。

客　你是了解了以后才表示赞同呢,或者理论的魔力已经替你造成习惯,不期然而然地很快就表示赞同?

泰　你这么讲,有什么用意?

客　好朋友,真地我们正在十分困难的探讨中。因为,凡显得 E存在和似乎存在而其实不存在,说些东西而所说非真,——这些情形,不论以往和现在,总是充满着困难。这样说法,必是主张或想象假东西真实存在;出此言论,还能免于自相矛盾;——这些都是难题,泰阿泰德。

泰　怎么呢?

客　这言论大胆假定"不存在"存在,否则假东西不至于存在。孩子,伟大的巴门尼德从我们童年的时候起直到去世,始终反证这 B一点。他在诗文里再三叮咛。他写道:"'不存在'存在的话绝不可听;躲开这条路,你的穷理的心。"这是他的反证;只要稍为推敲一下,他的话本身指示得再明白没有了。假如于你无可无不可,咱们先来考究这个问题。

泰　把你的意思就当作我的吧。你自己酌量着,走向理论最正确的路,也带我跟着你走。

客　可以的。请你告诉我,我们敢不敢说"绝对不存在"的话?

泰　怎么不敢。

C　　客　假设有人,不是为了辩论,也不是开玩笑,倒是认真地要求在他①门下听讲的一位,说说"不存在"一词应当用在何处;我们想,他要如何指点那求教的人,并且自己应当把这名词用在什么东西上、何种东西上?

泰　你问的是难题,像我这样人几乎无法答复。

客　明显得很,"不存在"这名词不能用于任何存在的东西上。

泰　怎能?

客　既不能用于任何存在的东西上,用于某件东西上就也不妥当了。

泰　怎么会妥当?

D　　客　这一点对我们是明显的,就是:"某某"的字样每次都是和"存在"相连而用,因为单举"某某",脱离一切存在而讲,是不可能的。

泰　不可能。

客　你承认这一点,是不是见到了:凡说"某",必是说"某一个"?

泰　是这样。

客　你说,"单数的某"是指一个,"双数的某"是指两个,"多数的某"是指好多个。

泰　可不是?

E　　客　那么,说"非某",必然等于完全说"无"。

泰　必然。

客　是否连这一点都不能承认,就是:说这话的人所说虽然是

---

①　指巴门尼德的门下。

"无"，总算说了？是否要进一步，断言说"无"的人，除了口中发出
"无"字的声音以外，什么也没有说？

泰　这是毫无疑问的了。

客　还没到说大话的时候呢。有福气的人，还有一个最先最　238
大的困难，简直关系问题的起点。

泰　这怎么讲，请你说吧，不要踌躇。

客　在一个"存在"上，可以另加一个"存在"吧？

泰　怎么不可以？

客　我们是否也说，"存在"可以加于"非存在"上？

泰　怎么可以？

客　我们认为一切数属于存在的吧？

泰　如果承认其他任何东西存在的话。

客　那就休想把数上的一或多加于"非存在"上。　　　　　B

泰　根据我们的论证，这样做似乎不妥当。

客　离开数，怎能嘴里说着，甚至于心里想着不存在的东西或
一个不存在的东西？

泰　请说其所以然。

客　我们说不存在的东西的时候，不是把数上的多加上去了？　C

泰　可不是？

客　说一个不存在的东西，不是把一加上去了？

泰　再显明没有了。

客　然而我们说，把"存在"加于"非存在"上，既不恰当，也不
合理。

泰　你说得对极了。

客　你可明白了:对精光的"非存在"本身,无论是说、是想,甚至一转喉之间,都是无当的;反过来,它是无可想、无可名、无可说、无意义。

泰　完全对。

D　　客　我方才说要指出一个最大的困难,可不曾骗你吧?

泰　我们还能举出比这个更大的困难吗?

客　喂,我的神童,难道从方才所讲的,你还不觉得,"非存在"也把反驳者挤上了窘途,使他一开口驳,就免不了自相矛盾?

泰　你这是怎么讲的? 请你说清楚些。

E　　客　得了吧,别叫我说得更清楚了。我既否认非存在与有单数或复数,可是方才和现在还是承认它为一,因为我说了单数的"非存在"。你可明白我的意思?

泰　明白。

客　片刻以前,我说它是无可名、无可说、无意义;你跟得上我的话吧?

239　　泰　跟得上。可不是那样?

客　那么,在它后面加上单数的"是"字,岂不和以前所说的有矛盾了吗?

泰　似乎有矛盾。

客　在它后面加上单数的"是",不是指它为一吗?

泰　是呀。

客　我说它无意义、无可名、无可说,这就是把它当作一个来说。

泰　可不是?

客　我们说:要说得正确,必不可以说它是一或是多;甚至也不可以称它为"它",因为对它用这个称谓的字,就是把它归于"一"
的类型。

泰　完全对。

客　瞧,鄙人不足道了,不论以往或现在,辩驳"非存在"的问 B
题总是处处失败。所以我说过了,不要希望我对"非存在"的问题
有正确的言论。来吧,看看你怎么样。

泰　你这话怎么讲的?

客　来吧,你还年轻呢;勤勤恳恳地尽你的能力,设法对"非存
在"给个正确的解说,不要加上"存在"和数上的"一"与"多"。

泰　有了你的前车之鉴,我还来尝试,那可太大胆、太荒唐了。C

客　丢开不中用的你我吧。没遇到能手以前,我们可要承认,
这位智术之师已经极其狡猾地躲在无可踪迹的地方了。

泰　显然如此。

客　我们说他有一种幻象术,他就很轻便地抓住我们的用语, D
曲解成反面的意义,作为以子之矛攻子之盾的口实;我们说他是造
像师,他就反问我们像究竟是什么。所以,泰阿泰德,必须想想要
用什么话答复这个顽强的小伙子所提出的问题。

泰　显然要举镜中和水底的影像、画像、刻像,以及凡其他模 E
仿的副本,来答复他。

客　泰阿泰德,显然你是不曾看见过智术之师。

泰　为什么?

客　他要使你觉得,他是闭着眼睛,或者没有眼睛。

泰　怎么呢?

客　你若举了镜中的影或泥塑的像答复他,他就笑你的话以

240 为他是能见的,故意装作不知道什么是镜、是水、甚至视觉,专就你的话诘难,穷究由这话所引出的那个东西。

　　泰　什么东西?

　　客　就是:一切东西所遍有的,你说虽多而应统于"影像"这一个名称的;——你把一切东西的影像,当作一个东西看。说呀,好防卫自己,不要对那人让步。

　　泰　贵客,除了说影像是按真东西摹下的另一同样东西以外,还能说它是什么呢?

B　　客　另一同样的真东西吗? 你所谓"同样"是怎么讲的?

　　泰　绝不是真东西,只是像真的。

　　客　所谓真的是指真地存在的?

　　泰　是的。

　　客　非真是真的反面?

　　泰　可不是?

　　客　那么,你若认为像真的不是真的,你就是说它不是真地存在。

　　泰　然而,它却也算存在着。[①]

　　客　你可不说它真地存在。

　　泰　不是真地存在,却是真地像。

　　客　那么,我们所谓像,虽不是真的存在,确是像的存在。[②]

C　　泰　非存在显得和存在如此纠缠不清,这是最荒谬的情形。

---

　　① 补翁丛书本把此句连上节,当作客的话。其他各本不然。不知补翁本所据原文本是否稍有不同,或是译者之误。

　　② 此节英译各本互异。周厄提本似乎去原文最远。补翁本'that which is not really a non-entity'等字译文似有误。娄卜本较妥,和上下文的意思也较为连贯。

客　可不荒谬？你看，因如此纠缠不清，那诡计多端的智术之师此刻又逼着我们承认，非存在也算一种存在。

泰　我看得很清楚。

客　怎么办呢？我们如何能给他的技术下界说，而免于自己矛盾？

泰　为了怕什么，你这样说？

客　我们说他以幻象欺诈、他的技术是骗术，是说我们的心灵　D 被他的技术引诱而起假意见呢，或者我们是另有所指？

泰　我们就是说这个，还会指别的？

客　假意见所臆断的是和存在的东西相反的，是不是？

泰　是的。

客　那么你说，假意见是逞臆着不存在的东西？

泰　必然的。

客　假意见是臆断着不存在的东西不存在呢，或者臆断着绝不存在的东西也算一种存在？

泰　一个人只要有丝毫假意见，他就必然臆断着不存在的东西也算一种存在。

客　确实存在的东西会不会也臆断为绝不存在？

泰　会。

客　这也是假。

泰　也是。

客　同样，我想，凡以存在为不存在、不存在为存在的说法，都　241 要认为是假的。

泰　不这样，怎么会假？

客　几乎没有其他理由可以成假。然而智术之师不承认这一点。其实,任何思路清楚的人哪能有办法承认:我们此刻的言语可加于以前所认为无可名、无可说、无意义、无可想的东西? 泰阿泰德,我们明白他关于这一点所要说的话吗?

B　　泰　为什么不明白? 他要说我们此刻所说的和以前相反,因为我们此刻敢承认,在意见和言语上存在着假;这就逼得我们累次把"存在"加于"非存在"上,虽然以前曾经说过这是最不可能的事。

　　客　你提醒得好。现在正是时候去考虑,应当怎样对付这位智术之师。你瞧,我们若把他归到骗术和魔术的行里去揭穿他,他的反攻就多么快,我们的困难就多么大。

　　泰　厉害得很。

　　客　他的手法,我们只领教过一小部分,据说还要层出无穷呢!

C　　泰　果然如此,似乎就不可能捉住他了。

　　客　那么我们可要软化而退却吗?

　　泰　我说必不可以,只要我们有丝毫办法抓住他。

　　客　你可会容忍些? 正如你方才所说的,在这样猛烈的论战中,只要我们有丝毫喘息的余地,你可要知足了吧?

　　泰　我怎会不容忍、不知足?

D　　客　还有一件事更迫切地要求你。

　　泰　什么事?

　　客　不要认为我变成了噬父啮母的枭獍。

　　泰　什么意思?

　　客　替自己辩护,我们不得不把吾父巴门尼德的话拿来估量一番,还要强说:"非存在"是一种"存在",反过来,"存在"是一种"非存在"。

泰　在这一场论战上，似乎必须来这一手。

客　可不是正如俗语所说的，甚至瞎子都见得到？那些话，或　E
承认，或推翻，没有决定以前，凡讨论到假言论或假意见的，不论关
于影像、肖像、摹本、幻形，或关于凡这一类的技术，都免不了弄成
笑话，自相矛盾。

泰　对极了。

客　因此，我们此刻不得不大胆攻击家父的话；如果畏缩不敢　242
这样做，这一场论战只好罢休。

泰　什么都不能使我们畏缩。

客　那么，我还要对你提出第三件小小的要求。

泰　你只管说。

客　方才我说过，反驳那些话，总觉得胆怯，甚至现在还是这样。

泰　你说过。

客　我方才提起胆怯的话，诚恐你见我顷刻之间翻来覆去，以为　B
我发疯了。为你的缘故，我们才挺身去驳他的话，——假定真能驳。

泰　无论你反驳与证明，我总不会觉得你有什么过分；因此，
尽管大胆向前吧。

客　来吧，这个冒险的论战可要从那里开始？孩子，我想这是
我们最必须走的路。

泰　什么路？

客　第一步，要把此刻所显得明了的各点检查一下，看看我们　C
有没有迷惑的地方，免得自以为已经辨别清楚，而轻易彼此同意。

泰　请你再说明白些。

客　我觉得，巴门尼德以及凡骤然断定"存在"的数目与性质

的人,所告诉我们的都显得轻率了些。

　　泰　怎么呢?

D　　客　他们每位似乎都是对我们——好像对孩子——讲故事。一位说,存在有三个,其中有时交恶而发动战争,有时相好而结婚生育,抚养子息。另一位说,存在有两个——湿与燥或热与冷;它们同居而婚媾①。我们本地的埃利亚派(从色诺芬尼起,或者再往前推),故事又是另一讲法,据说所谓一切其实只是一个。在伊奥尼亚地方,后来在锡概雷地方,有的穆萨们②便想,最妥当的办法
E　是把两个故事冶于一炉,说:存在又是多又是一,因相拒相亲结为一体。分就是合,合在分中,分在合中;——这一派的彻底分子③这样主张。他们的温和分子④却不力主总是这样又分又合,他们说:整个之中,分与合、一与多、互相更代,有时受阿弗洛地提士的
243　影响,相亲而成一,有时因斗争性发作,交恶而成多。关于这种种说法,评判到孰是孰非的程度,对前贤未免不恭无礼。然而有一点可以坦率地指出,不至于开罪前贤。

　　泰　哪一点?

　　客　他们太藐视我们大众了,简直不把我们当一回事。他们
B　每位都是自说自的,从不想想我们到底跟得上他们的话呢,还是落

----

　　① 以上是费雷居德(Φερεκύδηs)以及早期的伊奥尼亚学派(Ionian School)的学说。相传费雷居德是毕泰戈拉的老师。他的学说传自埃及,多神话。曾著书论灵魂不灭,今失传。

　　② 指赫拉克利特、恩培多克勒、和他们的弟子们。穆萨是希腊神话中司理音乐文艺的诸女神。此处借用其名以比那两批的哲学家。

　　③ 指赫拉克利特派(即上文所谓伊奥尼亚地方的穆萨)。

　　④ 指恩培多克勒派(即上文所谓锡概雷地方的穆萨)。

在后面。

泰　你说这话什么意思？

客　他们中间有人说，"一"或"二"或"多"存在，或已在，或方在，热与冷混合一起；在别处又提出什么分与合。泰阿泰德，不瞒上帝说，每次你都懂得他们讲的什么吗？我年轻的时候，听人提到"非存在"，总以为十分了解；如今可觉得迷惑了。现在你可见到，关于它，我们处于如何困难的境地呀！

泰　我见到了。　　　　　　　　　　　　　　　　　　　C

客　也许我们心里关于"存在"所受的困难不亚于"非存在"，可是有人提起它的时候，我们倒认为有办法、懂得清楚，关于"非存在"却不然；其实关于两方面都是一样的。

泰　也许。

客　关于以前所提过的其他问题，我们可以说也是同样的情形。

泰　完全可以。

客　如果方便，我们以后可以研究那许多的问题；此刻必须先　D
研究这个最重大最基本的。

泰　你说的是哪一个？也许你的意思显然是说，我们必须先穷究"存在"一词，看看用这名词的人认为所指的①是什么。

客　你马上就抓住了我的意思，泰阿泰德。我的意思的确是要这么办，就是：把他们当作和我们对谈，当面问他们说："来，凡主张一切是热与冷或任何两个类似的东西的诸君，你们说这两个共　E
同存在，也个别存在，对它们加上了什么？我们对你们这'存在'一

---

①　所指的是这名辞所指的，补翁本译为用这名辞的人所指的，似有误。

词,应当作何了解? 按你们的意思,我们是否应当认为,另有一个
和这两个鼎立为三,一切是三,而不是二? 你们总不至于把二者之
一叫作存在,而又说二者同样是存在吧;因为,无论只说二者之一
是存在,或说二者同样是存在,结果总是一个存在,不能两个。"

　　泰　你说得对。

　　客　"那么,你们要把它们俩统称为存在?"

244　　泰　也许他们要这样。

　　客　"可是,朋友们,"我们又要说:"即使这样,显然它们俩还
是当作一个来说。"

　　泰　你说得对极了。

　　客:"我们正在彷徨无路,请诸君明明白白告诉我们,到底你
们用'存在'一词是何所指。当然你们自己一向是明白的,但是我
们以前自以为懂,现在可糊涂了。请诸位先指教我们这一点,免得
B 我们自以为了解诸位的话,其实大大相反。"我们说这样的话要求他
们以及其他主张一切不只是一的人们,不至于有什么过分吧,孩子?

　　泰　毫不过分。

　　客　另一方面,对那班主张一切是一的人,我们是否也要极力
请问,他们用"存在"一词是何所指?

　　泰　为什么不要?

　　客　那么请他们答复这个问题:"你们说只有一是存在吧?"他
们会答复:"我们是这么说",会不会?

　　泰　他们会这样答复。

　　客　"你们又把某物叫作存在吧?"

　　泰　"是的。"

客　"那物就是你们所叫作'一'的，——同一东西有两个名 C
称，是不是？"

泰　贵客，他们的第二个答案呢？

客　显然，泰阿泰德，凡作这样假定的人想答复我们此刻的问
题，或任何其他问题，都不是太容易的事。

泰　为什么？

客　承认有二名，而认为除一之外，别无存在，——这是可笑
之至。

泰　可不是？

客　并且，说名是个存在，根据一般的理解，这是没有意义的①。D

泰　为什么？

客　因为，一方面，他若假定名与物有别，便是承认有两个东西。

泰　是的。

客　另一方面，他若假定名物同一，那就必须承认，名不是任
何物名；如说名还是什么的名，那就只是名的名，而不是其他什么
的名。

泰　是这样。

客　同样，"一"是一的名，"一"也只是名的名②。

---

① 此节补翁本不曾译成。娄卜和周厄提两本译文相近，很忠实。康复尔德译文
有以己意附益处。

② 此节原文错简不可读。欧洲学者各自以意增减字法，勉强成读；然而莫衷一
是。娄卜本逐字直译，译文不可解，注脚所诠似亦未洽。补翁本所译有误。康复尔德
本阙而不译。鄙意以为此段之意连接上文，意思是说：巴门尼德们所谓"一"，并不能算
得真实存在的名（即上文所谓"物的名"），只是一的名，也只是名的名；——"一"是一的
名，而一本身是名，所以"一"只是名的名。

泰　必然的。

客　关于整体,他们会怎么说? 说它和那存在的一有别呢,或者说它就是那存在的一?

泰　他们怎么不会说,而且正是说,整体就是存在的一?

E　客　如果正如巴门尼德所说的,整体是"团团然像个圆球,从中心到周围都是均匀的,不得一方大一方小、一方重一方轻";那么,像这样的存在就有中心和边际,既有中心和边际,必然也有部分了。是否如此?

泰　是如此。

245　客　有部分的东西,其部分与部分之间不免有统一性,在此情况下的各部分之总和,或其所形成的整体,也就是一了。

泰　可不是?

客　然而,在此情况下的东西,本身不可能是单纯的一吧?

泰　为什么不可能?

客　按正确的定义,必须说,真正的一是绝对不可分为部分的。

泰　必须这么说。

B　客　因此,由许多部分合成的一和正确定义不相容。

泰　我了解了。

客　存在有了统一性,我们才说它是一和整体呢,或者我们根本就不说存在是整体?

泰　你提出了难决的问题。

客　你所说确是实情。存在有了某种统一性①,显然不就等

---

①　是指有部分的统一性。

于一,一切不只是一。

泰 对的。

客 其次,存在若因有了统一性而不算整体,同时却有个整体 C
本身①,那么存在就是自身有亏于其为存在了。

泰 完全对的。

客 根据这个理由,存在既是自身有亏于其为存在,便是"非
存在"。

泰 是这样。

客 于是一切又不只是一,因为存在与整体各有各的特性。

泰 对的。

客 如果根本上没有整体这东西,同样情形必也见于"存在",
"存在"不但不存在,并且始终不能成为存在。   D

泰 何以然?

客 成为总是整个地成为,不承认存在上的整体性,就谈不上
有什么"存在"和"生成"。

泰 似乎完全是这样。

客 不成整体者无大小可言;有大小可言的,不论多大多小,
在那个大小上必也自成一个整体。

泰 正是如此。

客 对那主张存在非二则一的人,还有亿万其他问题要发生, E
每个都包含着无限的困难呢!

---

① 这几个字补翁本根据另一种解释而译,与娄卜、周厄提、康复尔德各本不同,然
而也不见得没有理由。

泰　目前一线曙光几乎明白指出:关于以前所讨论过的,一层牵连一层,不断引起更大更困难的彷徨。

客　关于"存在"与"不存在"有明确主张的人,我们尚未完全讨论过,然而这也够了。对主张不大明确的人,我们也要顾到,才 246 能从各方面见得,"存在是什么"不比"不存在是什么"容易讲。

泰　那么我们必须向他们出发。

客　他们之间简直有如巨人们的斗争,为了关于"存在"上之意见的分歧。

泰　怎么呢?

客　有人把一切从天上和不可见的世界搬到地下来,真地双手只抓住木石。抓着这一类的东西,便坚持只有块然挺然可提可 B 摸者才算存在,给物体和存在下同一的定义。有人若说无体的东西也存在,他们便十分蔑视;对于其他说法,简直置若罔闻。

泰　你所说的真是可怕的人物,我以前也遇过许多。

客　于是乎,他们的反对派便小心翼翼地从高处不可见的世界保卫自己,力主理性上无体的型式是真的存在。并且在理论上, C 把对方所认为真实存在的体弄得四分五裂,把它不叫作存在,叫作转动不居的生灭。泰阿泰德,关于这个问题,他们两派之间大大争执不休。

泰　真地。

客　我们可以先后听取这两派关于其所主张的"存在"的论点。

泰　我们如何听取?

客　把存在归于型式的那班人——从他们那里,容易听取,因为他们较为文明;把一切强拉到物体上的那班人——从他们

那里，较难听取，也许甚至听取不来。然而我觉得，对他们必须 D
这样做。

泰　怎样？

客　最妙是事实上使他们变好，如果可能。若办不到，姑以意
为之，假定他们不像此刻这样无法无天，比较就范，肯答复我们的
问题。得到好人的同意比得到坏人的，较有分量，较有价值。然而
我们并不管他们本人，我们是求真理。

泰　对极了。　　　　　　　　　　　　　　　　　　　　　　　E

客　那么叫这班改良过的人答复你的问题，你替他们传话
好了①。

泰　就这么办吧。

客　让他们说，他们承认不承认有有死的动物。

泰　为什么不承认？

客　他们难道不承认这是有灵魂的体？

泰　当然承认。

客　把灵魂当作一件存在的东西？

泰　是的。　　　　　　　　　　　　　　　　　　　　　　　247

客　他们不是也承认，灵魂有义的、有不义的，有智的、有愚的？

泰　可不是？

客　灵魂成为义的，因为有义在其中；灵魂成为反面的，因为
有反面的品德在其中。

泰　是的，他们也同意这一点。

---

① 补翁本译为"叫他们敷陈他们所主张的"，似有误。

客　他们无论如何要承认，能在一物之中的和不能在一物之中的，本身必是一种存在。

泰　他们承认的。

B　客　公义、智虑和其他品德，以及其反面，乃至其所在的灵魂，——这些东西若是存在，他们认为有的是可见可摸的呢，或者都是不可见[不可摸]的？

泰　他们认为这些东西几乎没有一件是可见[可摸]的。

客　什么？他们不是认为这些东西是有体的吗？

泰　对这问题，他们不是概无分别地答复。他们觉得，灵魂本身有一种体；至于智虑和其他你方才所问的，却不好意思大胆认为C　不存在，或者坚持都有体。

客　泰阿泰德，显然这一批人转好了；因为，龙齿插在地里所发出土著的苗裔①，本不至于不好意思固执一点，他们倒会坚持到底：凡手里不能捏的东西全不存在。

泰　你说的几乎就是他们想的。

客　咱们再问他们。只要他们肯承认，存在之中——甚至小D　小部分——有无体的，这就够了。他们必须说，那并附于有体和无体事物之中的，他们有见于此而说那两种事物同是存在的，到底是什么。他们也许茫然不知所对；若是果然这样，看看他们肯不肯接受我们的建议，同意存在是像下面所讲的那样。

---

①　希腊古时有个英雄，名叫卡德摩斯(Cadmus)。神话流传，说他杀死一个龙，奉神的命把龙齿种在地里，便发出来许多带甲的兵士。他们互相残杀，剩下五个，帮他建Cadmea城，此城是后来忒拜(Thebes)城邦(city state)的发源地。相传 Theban 民族裔出于那班龙齿化成的人。

泰　怎么样,说吧,我们可以快些分晓。

客　我说,凡有任何一种能力影响任何性质的其他东西,或受其他东西影响的,影响之力虽微,影响之效虽末,影响之时虽不过一度,已经可算真实的存在了。所以我替存在下个界说,就是:存在非他,能力而已。 E

泰　他们目前提不出更好的说法,只得接受这个了。

客　好的。也许将来彼此又有别的发现,此刻暂且把这个认为我们和他们双方所同意的。 248

泰　可以。

客　我们可以转到别派去,转到标榜型式的朋友们那里。你也要对我们传述他们的主张。

泰　就这么办吧。

客　"你们把生灭和存在分开,当作两件事讲,是不是?"

泰　"是。"

客　"你们说,我们以身体通过感官去与有生灭,以灵魂通过思虑去与有真正的存在;——存在永远自若,生灭随时转变。"

泰　"咱们是这么说的。" B

客　"一世之杰啊,'与有',你们对那两方面所谓与有,我们应当理解为什么? 不就是我们方才所说的吗?"

泰　"所说的什么?"

客　"事物与事物,由于一种能力,彼此相接而起影响的施或受。"或者,泰阿泰德,你不曾听到他们关于这一层的答案;我却听到了,——许是因为和他们熟悉的缘故。

泰　他们答复些什么话?

C　　客　他们不赞成我们方才对土里生出的人们所说关于存在
的话。

　　泰　什么话？

　　客　我们方才不是提出过关于存在的圆满界说吗？那就是：
凡受影响或施影响的能力所在的东西都算存在，即使施方面或受
方面极其微末。

　　泰　是的。

　　客　关于这一点，他们说：生灭与有受与施的能力，这两种能
力却和存在无干。

　　泰　他们这话有所建白吧？

D　　客　可是我们对他们所建白的必须回复一句：我们还需要请
他们明白指教，到底他们是否承认灵魂是能知、存在是被知。

　　泰　他们一定承认。

　　客　"那么你们说，能知或被知是施呢，受呢，或亦施亦受？或
者其一是施，其他是受？或施与受二者都没有它们的份？"

　　泰　他们显然要说二者都没有它们的份，否则他们的前言后
语相矛盾了。

　　客　我了解了；他们必须承认：能知若是有其所施的影响，反
E　过来，被知必是有其所受的影响。根据这理由，存在既被知的能力
所知，那么，被知到什么程度，便也被动到什么程度，因为受了知能
所施的影响。这种情形，我们认为不会发生于静的东西上。

　　泰　对了。

　　客　我的帝士，我们竟然轻信，在十全的存在里，真地无动、无
249 生、无灵魂、无思虑？它不生、不虑，只是神圣不可侵犯、无心而屹

然不动的吗？

泰　贵客，那可了不得，如果我们竟然赞同这样离奇的说法。

客　我们可否说它有心而无生命？

泰　怎么可以？

客　那么我们说它二者都有，而不在灵魂里有？

泰　二者不在灵魂里有，还能在哪里有？

客　那么，它有心、有生命、有灵魂；虽有灵魂，而完全不动？

泰　我觉得这些话都没有道理。　　　　　　　　　　　B

客　那么必须承认，动与被动者是存在。

泰　可不必须？

客　结果是这样，泰阿泰德，存在若是不动的，心就无所附、无可施、无处见。

泰　就是这样。

客　然而，反过来，如果我们承认一切全在变动不居之中，那么，由于这样的说法，我们又把心本身排出存在之外了。

泰　怎么呢？

客　你想，没有住留，还能有同样性质、同样形态、同样关系的　C任何东西吗？

泰　绝不能有。

客　没有这样的东西，你看，心能够存在或有处产生吗？

泰　毫无办法。

客　那么，凡抹杀知识、思虑和心，而要关于任何事物强作任何主张的人，我们必须用一切理由与之力争。

泰　非常必须。

　　客　因此,极端重视这些东西的爱智者①,为着这些东西,似乎必须,一方面,绝不接受凡主张一切是一或一切是多型的人们之

D　把一切认为静止的说法;另一方面,对于存在遍体皆动的论调,也要置若罔闻。他必须像儿童那样双手都要东西,说存在与一切又动又静②。

　　泰　对极了。

　　客　讨论中,我们不是显得很抓住了存在的意义吗?

　　泰　十分抓住了。

　　客　喂! 泰阿泰德,我们这才尝到研究这个问题的难处!

E　泰　怎么反而难起来了,你的话什么意思?

　　客　有福气的孩子,难道你不觉得,关于它,我们此刻正处于莫大的蒙昧中,倒自以为有所建白?

　　泰　我确也觉得;我们怎么不知不觉地到这地步,我完全莫名其妙。

250　客　仔细想想,我们此刻同意了这几点,假定有人,把我们以前对那主张一切是热与冷的人所问的话,拿来反问我们,是不是应该的。

　　泰　什么话? 请你提醒我。

---

　　①　补翁本把"爱智者"和"……重视……"的人分为两个人,似有误。"这些东西"指知识、思虑,等等。

　　②　娄卜本因原文有 τὴν τῶν παίδων εὐγήν 等字,把"一切……静"当作儿童的祈求语。其实就文法说,ὅσα ἀκίνητα...κεκινηεία 等字的格、数、性都和 εὐγήν 不协,倒和 τὸ ὄν...τὸ πᾶν ξυναμφότερα 等字相协;可见应从后者,译成这样。补翁、周厄提、康复尔德各本都和娄卜本不同,而与拙译大同小异。

客　一定。我要尝试一下，像以前问他们那样问你；我们也可以借此稍进一步。

泰　好吧。

客　来吧，你不是说，动与静彼此最相反吗？

泰　可不是？

客　同时，你说它们两者存在、个别存在，——其为存在一也？

泰　我是这么说。　　　　　　　　　　　　　　　　　　　B

客　你承认它们存在，就是说，它们两者是在动、个别是在动？

泰　绝不这么说。

客　那么，你说它们两者存在，是指它们两者在静中？

泰　怎么是？

客　那么，你把存在当作在灵魂里和动静并存而兼包动静的第三件东西；因见动静与有存在，便说它们两者是存在？

泰　我们说动与静是存在，真像预言存在是第三件东西。　　C

客　然则存在并不是动与静两个一起，是它们以外的另一东西。

泰　似乎如此。

客　就其本性说，存在不静也不动。

泰　几乎如此。

客　那么，关于存在想得一个明确概念的人应当再向何处用心？

泰　真地向何处？

客　我想不容易有出路。既不动，哪能不静？反过来，绝不静　D
的怎会不动？存在此刻显得是二者以外的东西，这是可能的吗？

泰　这是最不可能的。

客　另外有这一点应当记住。

泰　哪一点？

客　以往被人问起"不存在"一词应当用在什么东西上，我们感到莫大困难。你记得吗？

泰　怎么不记得？

E　客　此刻关于"存在"，我们所遇的困难是否较小？

泰　贵客，我觉得咱们所遭的困难更大，如果说得出。

客　就认定大难关在这里罢。然而"存在"和"非存在"所有的困难既是相等，眼前的希望是：只要其一有一线或明或暗的曙光，

251　其他就同样也有。如果我们看不出任何一个有一线曙光，我们也要尽其能事，找出二者之间的一条路，继续讨论下去。

泰　妙。

客　我们且说说，我们总是用好多名称称呼同一东西，这是怎么地？

泰　比如什么？举个例子。

客　说到人，我们加上许多名称，如形、色、大、小、善、恶；在所

B　有这些和别的亿万名称之下，我们不止于说他是一个人，还说他好坏以及其他无穷的话。用同样说法，关于其他东西，我们既认定每个为一，却又说它是多，以许多名称称呼它。

泰　你说的是实情。

客　我想，这里，我们替年轻和年老晚学的人，开了方便之门。人人马上很简便地认定，多不能是一，一不会是多；他们巴不得不

C　许称人为好，只许说，好是好、人是人。我想，泰阿泰德，你常遇见服膺此说的人——有时年纪大的，因思想贫乏，倾心仰慕这种说法，自以为发现了十全的智慧本身。

泰　时常遇见。

客　那么,使我们的议论对凡关于存在有所建白的人而发,我们此刻所要讲的,在提问方式下,既对这班人,也对其他我们以往曾经交谈过的。 D

泰　所要讲的是什么?

客　我们是否不把存在加于动与静上,也不把任何其他东西加于任何其他东西上;在我们的讨论中,把它们各归各,认为彼此不能参合,不相与有? 或者把一切拢在一起,当作彼此能够参与? 或者有的可以这样,有的不可以这样? 泰阿泰德,我们认为哪一个 E 说法是他们所要采取的?

泰　关于这些问题,我替他们答复不出。

客　何不逐一答复这些问题,看看每一结果如何①?

泰　你说得对②。

客　如果你赞成,我们第一步先假定:他们主张,没有任何东西有任何能力,和任何其他东西,为着任何作用,而参与起来。那么,动与静岂不是完全不能与有"存在"的一份吗?

泰　不能与有。

252

客　动与静既不能与有"存在"的一份,它们还能存在吗?

泰　不能存在。

客　一承认这一点,似乎一切马上天翻地覆;——所有的学说,如一切皆动说,万有阒然如一说,乃至凡主张存在是在若干形

---

①　补翁本和周厄提本都把此节并于前节,作为泰阿泰德所说的,似未妥。

②　补翁本和周厄提本把此句归入下节客人的话里去,似亦未妥。

式上始终如故的,这一切都站不住了。因为它们都把存在加于事物上,有的说万物存在于动中,有的说万物存在于静里。

泰　恰是如此。

B　　客　凡主张一切有时合、有时分的,不论无穷的事物合于一、一分出无穷的事物,或者一切分成有限的原素、有限的原素构成一切,——这些现象的发生,认为相间地也好、连续地也好,总而言之,没有混合参错,他们所说的便一例落空。

泰　对的。

客　并且,不许一物因与他物的性质而得他物的名称,——凡附和这种主张的人,就是这班人,弄得笑话百出。

C　　泰　何以见得?

客　关于一切东西,他们必须用"存在""除外""由于其他""在本身上"以及无数别的字眼。那些字眼,他们无从避免,言语上不得不用;这就不待他人来反驳,如俗语所说,自有敌人和将来的对头在家里,而且随处携带,像怪人欧吕克利亚那样,腹中藏着反对自己的心声①。

泰　你打的比喻又切又真。

客　假定我们承认,万物有彼此互相与有的能力,怎么样呢?

泰　甚至我,也能推翻这个假定。

客　怎么呢?

泰　这样一来,动本身完全是静的,静本身也是动的,如果它

---

①　希腊古时的一个男巫。相传他腹中有妖魔,能从腹内发出话来。见阿里斯托芬的《马蜂》(WASPS),第 1019 行。

们彼此相联。

客　这是最必不可能的事，——动哪能静，静哪能动？

泰　可不是？

客　那么，只剩下第三条路。

泰　是的。

客　三者必居其一：万物或是全参合，或是全不参合，或是有 E
的参合、有的不参合。

泰　可不是？

客　其二已经发现是不可能的。

泰　已经。

客　凡想答复得正确的，一定要举那三者之中所余的为答。

泰　的确要。

客　既是有的能参合、有的不能参合，那么，几乎同字母一样 253
情形，——字母有的能彼此相拼，有的不能彼此相拼。

泰　可不是？

客　和其他字母不同，主音字母在所有字母中做撮合者，没有
它们的任何一个，其他字母就不能彼此拼合。

泰　的确如此。

客　是否人人知道，哪些字母能和哪些字母拼合；或者，拼合
字母，需要技术才能做得圆满？

泰　需要技术。

客　什么技术？

泰　字书之术。

客　关于音调的高低，不是也一样吗？有技术能辨可调和与 B

不可调和之音的,不是叫作知音吗? 不懂这一行的,不是叫作不知音吗?

　　泰　是这样。

　　客　在其他技术上,我们也能遇到同样内行和不内行的差别。

　　泰　可不是?

　　客　我们既承认种类也有同样互相参合的情形,那么,想正确指出哪几类彼此相投、哪几类彼此相拒,不是需要一种学问指点讨论的途径吗? 至于有没有贯穿而撮合一切、使其能于参合的;反过来,在分离的情况下,是否有分离的原因贯穿于整体之中? 考究这些问题,不是需要一种学问吗?

　　泰　为什么不需要学问? 恐怕还需要最大的学问呢?

　　客　我们要给这门学问起个什么名称,泰阿泰德? 我的上帝,我们岂不是无意中碰到了自由人的学问,找智术之师,倒偶尔先遇见了爱智者?

　　泰　你这话怎么讲?

　　客　按类划分,不以同型为异型、异型为同型,——我们不是要说,这是辩证学的事吗?

　　泰　我们是要说。

　　客　会辩证学的人充分辨识:有完全贯穿于各自分立的众物之中的一型,有彼此互异而被外来一型所包的众型;也有会合众整体于一而贯穿乎其中的一型,和界限划清完全分立的众型。这就是懂得按类划分,——各类在什么情况下能参合、在什么情况下不能参合。

　　泰　完全对的。

客　我想,除了纯正的爱智学者以外,你不会把辩证学许给别人吧。

泰　怎么会许给别人?

客　那么,我们若寻爱智者,就会在这种地方遇到,——无论现在与将来。他也是难于看得清楚,然而他的难见处和智术之师不同。 254

泰　怎么不同?

客　一个跑进"非存在"的昏天黑地里,摸摸捉捉地消磨岁月。因为他的地方黑暗,难得看见他。是不是这样?

泰　似乎是这样。

客　爱智者呢? 他总是循着思维之路而进窥"存在"的原型;因为他的地方光明灿烂,也不容易看见他。众人心灵的眼睛经不 B起注视神圣的光辉。

泰　这个情形近似事实,并不亚于智术之师的那样。

客　关于他,回头还要更仔细考察,如果我们愿意。关于智术之师,我们没有看得十分清楚以前,显然必不可放过。

泰　你说得妙。

客　我们既已同意,有的类能彼此参合、有的不能,有的类同少数的参合、有的同多数的参合、有的毫无障碍地同所有的参合而 C贯穿乎其中;往后我们在讨论中,可以这样继续考察,就是:不要尽一切的型,免得多了会糊涂,只要选些所认为最主要的,先看它们每个是什么性质,再看它们彼此参合的能力如何;这样就使我们,纵然未能十分明确地把握住"存在"与"非存在",在目前研究方式所容许的范围内,尽量了解它们,理论上不至于有所欠缺;也许我

D 们居然可以说,"非存在"毕竟以"非存在"存在着,而免于犯语病。

　　泰　应该这样做。

　　客　类①中最主要的就是我们方才所提的:存在本身和动与静。

　　泰　诚然。

　　客　我们说,其中两个彼此不参合。

　　泰　绝不。

　　客　"存在"和那两个参合,因为那两个是存在的。

　　泰　可不?

　　客　那么它们共成三个。

　　泰　是了②。

　　客　它们之中,每一个异于其他两个,而同于自己。

E　泰　是这样。

　　客　我们方才说"同"与"异",到底说些什么? 这俩虽然总是必和那三类相参合,却是异于它们的两类,因此,不是共成三类,而
255 必须作为五类考察呢,或者我们用"同"与"异"的字样,无形中就是指那三类之一?

　　泰　也许。

　　客　然而动与静绝不就是③同,也不就是异。

　　泰　怎么呢?

　　客　我们无论把动与静共同叫作什么,这个什么不会就是动,

---

① 类即型,与型互用。他处一例。
② 此句康复尔德本漏译。
③ "就是"即"等于",下仿此。

也不会就是静。

　　泰　为什么呢？

　　客　因为这样一来，动会静，静也会动。它们俩，只要其一变成［异乎己的］其他，就会逼使其他变成与其本性相反者，而与有与　B
其本性相反的性质。

　　泰　恰恰如此。

　　客　它们俩与有"同"，也与有"异"。

　　泰　是的。

　　客　那么，我们就不能说是"同"或"异"，也不能说静是"同"或"异"。

　　泰　不能。

　　客　然而，我们心目中是否应把"存在"与"同"当作一个东西？

　　泰　也许。

　　客　"存在"与"同"所指的若是没有什么分别，那么，旧话重提，我们一说动与静是存在，就是承认它们俩是"同"。　　　　　　　C

　　泰　然而这一定不可能。

　　客　那么"同"与"存在"不能是一个东西。

　　泰　这几乎不成问题了。

　　客　我们是否要把"同"算作那三型以外的第四型？

　　泰　绝对要。

　　客　我们是否也应该把"异"算作第五型？或者我们心目中应当把它与"存在"认为一个类的两个名称？

　　泰　或者。

　　客　我想你承认，存在的东西中，有的总是被认为自在的，有的总是被认为有待于其他而在的。

泰　为什么不承认?

客　"异"总是与"异"相对待,是不是?

D　　泰　是。

客　那可不是这样,如果"存在"与"异"不是截然有别。"异"若是也像"存在"那样,与有自在和相对而在两型,那么,"异"者之中,就有不与其他"异"者相对待而为"异"的。可是我们确实知道,凡"异"之所以为"异",必是由于其他的"异"与之相对而不得不然。

泰　你说的是事实。

E　　客　那么必须说,"异"的性质是我们所提出的型中的第五个。

泰　必须。

客　并且我们以为"异"的性质贯穿一切型;个个型"异"于其他的型,非因其本性如此,乃因其与有"异"的型。

泰　恰恰如此。

客　我们且对这五个型逐一作如下的说明。

泰　怎样?

客　先说动,它完全"异"于静,是不是?

泰　是。

客　那它就不是静。

泰　绝不是。

256　　客　它存在,因为与有"存在"①。

泰　它是这样存在的。

———————————

　　① 即"存在"的型。

客　重说一遍,动是"异"于"同"。

泰　几乎无疑问了。

客　那它就不是"同"。

泰　不是。

客　然而它又确是"同",因为一切与有"同"。

泰　很对。

客　那么动又是"同",又是"非同",——这必须承认,不要惊
疑。我们说它又"同"又"非同",我们的意思不一样。说它是"同", B
因为它与有"同","同"于己;说它是"非同",因为它与有"异",——
与有"异",才与"同"分开,不成"同"而成"异",所以反过来说它"非
同"是对的。

泰　完全对的。

客　那么,假如动本身在某种情况下与有静,便说动是静,也
没有什么离奇了?

泰　最正确不过,如果我们承认种类之中有的彼此能参合,有
的不能。

客　说到这里以前,我们证明过这一点,认为各种类本性上是 C
如此。

泰　可不是?

客　我们再说一遍:动异于"异",正如它异于"同"、异于静。
是不是这样?

泰　必然是这样。

客　那么,按此刻的说法,在某种情况下,动不是"异",而又
是"异"。

泰　果然如此。

客　往后呢？我们是不是要说动"异"于其他三型，却不"异"于
D 第四型，——既已同意了我们提出研究所攸关和所限定的型是五个？

泰　这怎么行？我们不能承认那数目比方才所指定的少。

客　那么我们可以大胆力争动是"异"于"存在"？

泰　可以大胆之至。

客　那么明显得很，动真地不是存在，而又是存在，因其与有
"存在"。

泰　明显极了。

客　于是乎，"非存在"不但在动上存在，在一切类上都存
E 在，——这是必然的。因为在一切类上，"异"的性质起着作用，使
其个个"异"于"存在"而成"非存在"。根据这个情形，我们说一切
类不存在是对的；然而反过来，因为它们与有"存在"，说它们存在
也是对的。

泰　似乎如此。

客　对于每个型①，是"存在"的固然多，是"非存在"的为数也
无穷。

---

①　"...τῶν εἰδῶν"补翁本译为 species，周厄提本和娄卜本皆译为 class，康复尔德
本译为 form。考诸希腊文字典，εἰδος 实兼（一）form，shape（二）sort kind（三）species 诸
义。可见 εἰδος 可译为型，亦可译为类。柏拉图用 εἰδος 一词，也是兼涵类与型之义，单
举曰类或型，兼举曰类型，其实"类""型"及"类型"三词互用。εἰδος（species——类）和
γενος（genus——种）二字，柏氏也时常互用，因为种和类无固定的区别，本是相对
的；——包者（或统者）为种、所包者（或属者）为类，而包者可以转为所包者而成类、所
包者可以转为包者而成种。例如：人是包黄种人的，人是种，黄种人是类；人转而为哺
乳动物所包，人是类，哺乳动物是种；黄种人转而包中国人，黄种人是种，中国人是类。

泰　似乎是这样。

客　那么"存在"本身必须认为"异"于其他类型。　　　　257

泰　必须。

客　我们发现："存在"对于"异于存在者"而不存在，其为数正等于"异于存在者"之数；因为，"存在"不是"异于存在者"，其本身自成为一，而不是那为数无穷①的"异于存在者"。

泰　差不多是这样。

客　所以，不须惊疑这一点，因为各类本性上是彼此互相参与的。如果有人不同意这一点，请他驳倒了我们的前言，再驳我们的后语。

泰　你说得公平极了。

客　咱们看看下面一点。　　　　　　　　　　　　　　　　B

泰　哪一点？

客　我们每提到"非存在"，似乎并不是指"存在"的反面，而只是指"异"于"存在"的。

泰　怎么样？

客　例如我们说某物不大，你想这句话的意思指小的成分会多于指中材②的吗？

泰　怎会？

客　所以，若有人说否定之词是指反面，我们不要承认；我们

_____

①　娄卜本把"为数无穷"译为"非为数无穷"，似有误。

②　原文 τὸ ἴσον 直译为"平分、等量"。大与小都不是平分等量。译为中材，即指平分之量，不大亦不小者也。

　　只能承认:放在某字之前的"非""不"等词表示"异"于该字之涵义
C 的另一意义,——其实是指"异"于该字所指之事物的另一事物。

　　泰　完全是这样。

　　客　你如果同意,我们再来考虑下面一点。

　　泰　哪一点?

　　客　我觉得"异"的性质,像知识一样,也弄得四分五裂。

　　泰　怎么呢?

　　客　一方面,和"异"的性质一样,知识只是一个;另一方面,分
D 别施于各事物上的各部门知识——有其特殊名称。于是就有许多
　　所谓术与学。

　　泰　完全对的。

　　客　同样情形,"异"的性质是一,而分为各部分。

　　泰　也许是这样,我们可说说其所以然。

　　客　"异"中有没有一部分与"美"相反的?

　　泰　有。

　　客　我们认为这部分无名称呢,还是有个名称?

　　泰　有名称。我们每称为"非美"的,无非是异于美之性质的。

　　客　来,再告诉我下面一点。

E　泰　哪一点?

　　客　结果,"非美"还会是别的,不是与"存在"中某一类分立,
　　而又和某一类相反的吗?

　　泰　是这样。

　　客　那么,"非美"似乎结果成为"存在"与"存在"的对立。

　　泰　对极了。

客　按这么说,我们能否认为:"美"多存在些,"非美"少存在些?

泰　绝不能。

客　那么必须说,"非大"和"大"同等存在? 258

泰　同等存在。

客　"非公义"也要和"公义"作同等观,其一丝毫不比其他多存在些?

泰　可不是?

客　关于其他东西,我们也要作同样看法;因为,"异"的性质既属"存在"范围,"异"既存在,其各部分必也不比任何东西少存在些。

泰　可不是?

客　那么,似乎"异"的一部分性质若和"存在"[的一部分]① B 性质对立,这对立的并不比"存在"本身少存在些,——如果可以这么说;对立的部分所指的不是"存在"的反面,只是"异"于存在的。

泰　再显明没有了。

客　那么,这种对立的部分,我们应当叫作什么?

泰　显然这就是"非存在",我们为了智术之师而找的。

客　那么,据你说,"非存在"丝毫不比其他东西缺少存在性,于是可以大胆说:"非存在"稳然存在,有其自己的性质,——正如"大"是大、"美"是美、"非大"是非大、"非美"是非美,同样,"非存 C 在"是非存在,"非存在"存在着,算是许许多多"存在"中的一类?或者,泰阿泰德,关于这一层,我们还有疑问?

---

① 　括弧内的字是译者认为应有而原文所无的(以下仿此)。此处加上括弧内的字,方能与上文"一部分"的意思相称。周厄提和康复尔德二本都加上。

泰　一点没有了。

客　你瞧，我们不信巴门尼德，乖违了他的悬戒。

泰　什么意思？

客　我们向前探讨，对他指出了他所限定研究范围以外的东西。

泰　怎么一回事？

D　客　他在某处说："'非存在'存在的话绝不可听；躲开这条路，你的穷理的心。"

泰　他是这样说的。

客　我们不但指出不存的东西存在，还阐明了"非存在"的型。

E 我们证明"异"的性质存在，分布于一切"存在"的彼此相对上；我们还大胆说，"异"的性质和"存在"对立的每一部分本身就①是以"非存在"的资格存在着。

泰　贵客，我想咱们说得再对没有了。

客　不要使人误会，我们证明了"非存在"是"存在"的反面，再大胆主张"非存在"存在。关于"存在"的反面，我们早就不谈它存

259 在与否、可说与否。至于我们方才说"非存在"是什么，尽管让人驳我们说得不对；如果不能驳，就要像我们那样承认：类彼此相参合；"存在"与"异"贯穿一切，同时彼此与有；与有"存在"的"异"因与有

B "存在"而存在，并不等于它所与有的，是"异"于它所与有的；它是"异"于"存在"，显然必是"非存在"。反过来，"存在"既也与有"异"，便"异"于其他的类；既"异"于所有其他的类；便不是它们的

---

①　此处以下原文直译实为："……的确是'非存在'"。共辞甚晦，故改译如此；意思不背原文，只是把它弄明白些。参看上文（258B 末节至 C 中节）。

单个,也不是它们的一起,只是自己本身。于是乎,毫无疑问,"存在"不是亿亿万万的东西;其他一切都这样,无论单独或一起,在许多情况下存在,在许多情况下不存在。

泰　对了。

客　如有人怀疑这种对立的情况,他就必须考究一番,提出比我们更好的说法。不然,发现了困难所在,有意东扯西拉,好弄言语;按此刻的论点说,他是不值得于此枉费气力。其实他这种办法既不妙也不难,难而且妙的倒是另一种。　　　　C

泰　哪一种?

客　就是以前所说的:能够泰然无事地跟上人家的话,逐层批驳。人家说"异"在某种状况下是"同"、"同"在某种状况下是"异",便本其原意,就其所举的情况,逐一批驳。反过来,笼统地随便指派,"异"有时是"同"、"同"有时是"异"、"大"有时是小、"似"有时是不似,在辩论上,总是这样喜欢兜正与反的圈子;——这不是真正的辩驳,显然是初次接触"存在"问题的小孩子。　　　　D

泰　恰恰如此。

客　好朋友,想把一切分开,另一方面也是不合理的,其实是最不学无术、最违反爱智的精神。　　　　E

泰　为什么呢?

客　把每件东西和所有其他分得一丝不连,便等于言语道断,因为言语生于各类或各型的彼此交错。

泰　对的。

客　注意,现在正是时候同这班人绞一绞,逼住他们承认一物能与他物参错。　　　　260

泰　为什么目的。

客　为的是言语是各类"存在"之一。废除言语,可了不得,爱智之学也要取消了。并且,关于言语是什么,我们此刻必须把意见弄一致了;若把言语弄到完全不存在的地步,我们就不能再说话。

B 如果我们承认事物彼此不相参错,就是取消言语。

泰　这说得对。可是我不了解为什么此刻必须把关于言语的意见弄一致了。

客　也许最容易了解的办法莫如从这一方面入手。

泰　哪一方面?

客　我们以前发现,"非存在"是各类之一,分布于一切"存在"上。

泰　是这样。

客　其次,必须考察"非存在"是否和意见、言语参错。

泰　为什么?

客　不同它们参错,一切就必然全真;同它们参错,意见和言语就有假的。因为心想或口说"非存在"的东西,这就是在思想或言语上所产生的假。

泰　是这样。

客　有假便有欺诈。

泰　是的。

客　既有欺诈,万物便充满着形象、肖像、幻象,等等。

泰　可不是?

D 客　我们以前说,智术之师躲在这里,他完全否认有假这东西。据他看,"非存在"没有人能想能说,因为"非存在"丝毫不与有

"存在"。

泰　这是他的看法。

客　现在"非存在"既已证明是与有"存在",他或者不再在这方面攻了。然而他还许要说:型有的与有"非存在",有的不与有"非存在";言语和意见便在不与有之列。于是乎,造像术和幻象 E 术,我们说他所躲的地方,他也要来攻,认为绝不存在,因为意见和言语不与有"非存在",既不与有,假①[的东西]就绝不存在。所以我们必须先找出言语、意见、幻想究竟是什么,这问题弄清楚,便能 261 明见它们与有"非存在";明见它们与有"非存在",便能证实假之存在;证实了假之存在,把这位智术之师监禁在那里,如果他是罪该监禁,否则放他走,在别的类上找他。

泰　贵客,我们开头所说关于这位智术之师的话似乎真不错,他果然是一种难捉的动物。他显得满怀都是防御的武器,随时放出一种,就要先打穿以后才能近他本身。此刻我们仅仅打穿了他 B 的"'非存在'不存在"的防线,他又布了一道防线,于是我们必须证明言语和意见上存在着假;也许这个后面还有一道,一道之后又有一道,好像永无终止似的。

客　泰阿泰德,能够前进的,所进虽微,必须大胆不断前进。在这种情况下就丧胆,在别的情况下,或毫无进展,或不进反退,那可怎么办? 这种人,像俗语所说,恐怕永远打不出天下来。现在 C 呢,好朋友,你所说的这条防线既已打穿,最高城墙似已占领,其余的较矮,较为易攻。

---

　①　假的东西即指幻影术与造像术。

泰　说得妙。

客　那么按方才的话，先提出言语和意见，加详考虑，"非存在"和它们是否相干，或者它们俩全是真的，一个也不至于假。

泰　对。

D　客　来，像以前那样讨论型和字母，咱们也同样考究字。咱们此刻所找的东西似乎在这方面稍有线索。

泰　关于字，有什么必须晓得的？

客　所有的字彼此都能联合，或者都不能联合；或者有的能，有的不能？

泰　显然是有的能，有的不能。

E　客　也许你是这个意思：凡说得有次序、并且有所指的，这些字可以联合；只是凑成一串而毫无所指的，就不能联合。

泰　怎么呢，你这话什么意思？

客　就是，你表示赞同时，我所猜想的你的意思。我们语言上表示"存在"的有两种符号。

泰　怎样？

262　客　一种是名字，一种是谓字。

泰　每种都讲一讲。

客　表示动作的，我们叫作谓字。

泰　是的。

客　语言上的符号表示动作者的，叫作名字。

泰　一点不差。

客　那么，一句话绝不只是一串名字所构成的；另一方面，有谓字而无名字也不成话。

泰　我不懂这一层。

客　你方才表示赞同，心里显然是想些别的。我所要说的只 B
是这一点：这样一串的名字或谓字不成一句话。

泰　怎样一串的？

客　例如"走""跑""睡"以及其他表示动作的谓字，就是尽其
所有依次说出，也还不成话。

泰　怎能成话？

客　反过来，若把"狮""鹿""马"以及其他这些动作者的名字，
一一举出，这么一串也不成话。因为，未把谓字和名字合起来，这 C
样或那样一串的字都不曾指出动作不动作或事物存在不存在的性
质。名字和谓字一配合，初步的配合就成话——最简最短的话。

泰　你这什么意思？

客　譬如说"人学"，你想这是不是最简单最初步的话？

泰　我想是的。　　　　　　　　　　　　　　　　　　　D

客　因为，把谓字和名字配合起来，对事物有所表白，或关于
存在的、或关于方成的、或关于已成的、或关于将成的；不是只举其
名，而是对它下断语。因此我们说这个成话，不是单举事物之名；
我们给这种配合一个名称，叫作话。

泰　对的。

客　像东西那样有的配合、有的不配合，语言上的符号也是有
的不配合、有的配合而成话。　　　　　　　　　　　　　　　E

泰　满对的。

客　还有下面一小点。

泰　哪一点？

客　每有一句话,必是关于某一事物①的,绝不能不关于任何东西的。

泰　是这样。

客　同时,一句话必有其性质。

泰　可不?

客　现在把注意力转到咱们自己。

泰　无论如何,这是需要的。

客　我要对你说一句话,用一个名字和一个谓字,把一件事物和一个动作②配合一起。这句话是关于什么的,请你告诉我。

263　　泰　我要尽其所能告诉你。

客　"泰阿泰德坐着"。这句话不长吧?

泰　不,刚好。

客　你可要讲讲,这句话说些什么,是关于谁的。

泰　显然是关于我的,说我的事。

客　另一句呢?

泰　什么一句?

客　"此刻我同他谈话的泰阿泰德飞着。"

泰　这一句,谁也不能否认是关于我的,是说我的事。

客　我们也承认每句话必有其性质。

----

① "关于某一事物"($\tau\iota\nu\grave{o}\varsigma\ \epsilon\widehat{\iota}\nu\alpha\iota\ldots$)等字,周厄提本和娄卜本译为"有主词(to have a subject)。虽原文引申之义是指主词,却不曾明说出来;故按原文质译如此。

② 娄卜本把"一件事物和一个动作"($\pi\rho\hat{\alpha}\gamma\mu\alpha\ \pi\rho\acute{\alpha}\xi\epsilon\iota$)等字译为"一个动作和动作的结果"(an action and the result of action),似未洽。补翁、周厄提、康复尔德诸本译文皆不如此。

泰　是的。

客　那么这两句话，每句是什么性质？

泰　一句是假的，一句是真的。

客　真的那句说的是关于你的实在的事。

泰　可不是？

客　假的那句所说"异"于实在。

泰　对了。

客　它把"非存在"的东西当作"存在"说。

泰　是这样。

客　于你是"异"于存在的事，说成是存在的。我们说过：关于每件东西，有许多是存在的事，有许多是不存在的事。

泰　一点不差。

客　第一层，我所说关于你后一句的话，以我们对于"话是什么"所立的界说衡量，算是仅合要求的最短的一句。

泰　无论如何，这一层我们刚同意过。

客　其次：它是关于某人或某物的。

泰　是这样。

客　如不是关于你的，便是不关于任何其他的。

泰　可不是？

客　如不关于任何东西的，就完全不成话；因为我们声明过：不关于任何东西的话而成话，这是一件不可能的事。

泰　对极了。

客　关于你的话，如以"异"为"同"、以"非存在"为"存在"，这种谓字与名字的配合，似乎千真万确地是假话。

泰　千真万确。

客　那么,思想、意见、幻象,这三种东西发生于我们的心里,统是有真有假,——这不是已经明显的事实吗?

泰　何以见得?

E　　客　这一点比较容易见到,如果你先了解:它们究竟是什么,每个彼此互异的地方在哪里。

泰　只好请你指点罢。

客　思想和言语不是同一东西吗?内心自己无声的谈话,我们起个名称,叫作思想。

泰　完全对的。

客　从心里、由嘴上、出来有声的流,叫作话?

泰　对的。

客　在话里我们知道有……

泰　有什么?

客　有肯定和否定。

泰　知道。

264　　客　在心的思想无声而起的肯定和否定,除了"意见"以外,还能叫作什么?

泰　怎能?

客　非自然而然,乃由感觉而起的[类似意见的]那种心理状态,除了幻象以外,还有什么别的妥当名称?

泰　没有别的名称了。

客　话既有真有假;而且,思想不过内心自己谈话,意见不过
B　思想的结果,所谓"幻然"不过感觉和意见的混合,——那么,它们

与话既是一丘之貉,便也必然有的有时会假。

泰　可不是?

客　你瞧,假意见和假言语倒比所预料的早发现了;——我们以前唯恐白费气力、永远找不到呢。

泰　知道了。

客　我们对于其余的不要灰心。这几点已经弄明白了,可以 C
回到以前的分类。

泰　什么分类?

客　我们以前把造像术分为两类,一类是肖像术,一类是幻象术。

泰　是的。

客　我们说茫然不知应把智术之师归哪一类。

泰　是这样说过。

客　我们正在彷徨失路的时候,一个更大的风云又滚来了。
是一种和大家立异的主张,据说:肖像、形像、幻象,等等全不存在,
因为无论何时、何地、何种情况,都没有假这东西。　　　　　　　　　 D

泰　你说得对。

客　现在呢,假言语和假意见既已发现,"实在"的摹本便能存在,在此情况下,欺诈的技术也能产生。

泰　可能。

客　我们以前同意说:智术之师是属于那两类[造像术]中的一类。

泰　是的。

客　我们再来努力一下。把方才所提的那一类分为两部,总是向右边所分的部分进行;抓住智术之师的伴侣,等到把他和同伴 E

们所共有的性质剔开、只留下他自己的本性,清清楚楚地指给咱们
265 自己看,也指给方法上的同志们看。

泰   对。

客   我们起头不是把技术分为生产的和聚敛的?

泰   是的。

客   我们以前不是发觉了,智术之师①躲在聚敛之术的猎取,
争胜,行商以及类似的各部分中吗?

泰   满对的。

客   现在呢,模仿术既把他接过去,显然必须先分生产术为
B 二。模仿术是生产术的一种;只是,据我们看,它所产的只是物像,
并非各物本身。对不对?

泰   完全对。

客   第一步,先假定生产术有两部分。

泰   什么两部分?

客   一部分属神的,一部分属人的。

泰   我还不懂。

客   记得起头的话吧? 我们以前说:生产术无非一种能力——
凡物由无致有的原因。

泰   记得。

C   客   由种子根蒂生长在地上的动植物,以及积藏于地下熔化
不熔化的死物质——这些由无致有的东西,除了神功以外,能说别

————————

①   补翁本把此处以下的主辞认为是"聚敛之术",译曰"聚敛之术……"云云,显然
有误。

有来源吗？或者我们接受那大众的主张和说法？

泰　什么主张，怎样说法？

客　就是：自然界自发的原因产生这些，并非出于创造的智能。或者我们承认这些是理性的安排，成于神的意匠？

泰　也许年轻的关系，我的意见时常犹豫不定。此刻我瞧着 D 你，觉得你认为这些东西成于神的意旨，因此我也这样想。

客　说得妙，泰阿泰德。如果我们①觉得你是将来会转念的人，此刻就要用论据说服，使你必得同意。现在呢，既了解你的性 E 格，明知无需游说，自然会倾向于你方才所谓对你有吸引力的主张；为节省时间，不必多此一举了。可是我要认定，寻常所谓自然的东西，是神的技巧所创造的；另一方面，神所造而经过人工布置的，算是出于人的技术。按这么说，生产术有两种，一种是人的，一种是神的②。

泰　对。

客　既有两种，再把每种各分为二。

泰　怎么分？

客　像方才那样把全部生产术拿来横分，现在再直分一下。　　266

泰　就这么分吧。

客　这样，它共有四部：两部属于我们，是人的；两部属于上

---

①　补翁本以外，周厄提、娄卜、康复尔德各本都把"我们"译成"我"。鄙意以为不如按原文仍译"我们"。原文的"我们"和"我"的用意不同，盖指同时在座的苏格拉底虽不发言，却和这位客人同一见解。爱利亚的客的意见即代表苏格拉底的意见，这一点在柏拉图的著作里算是成例。请看看拙著《柏拉图》（世界书局，1934 年版）第 26 页的表解。

②　娄卜本把"生产术"只译为"术"，似有误。

帝,是神的。

　　泰　对了。

　　客　按这另一种的分法①,[那种横分而成的属神与属人的两部],每部之中各有一部②是创造原物的;把其余两部③叫作创造物像的,似乎最妥当了。这么一来,生产术又分为二。

B　　泰　再告诉我,[属神与属人的两部],每一部是怎么样的。

　　客　我们人和其他动物,以及造成自然界东西的原素,如水火及其他类似的,我们知道,全是上帝的产品,每件都是他所造的原物。是不是?

　　泰　是。

　　客　这些东西,每个都有影像——可不是原物——相随,影像也是出于神功。

　　泰　它们是怎么样的?

　　客　所谓自然而起的梦中和白日里的幻象;白日里的幻象,如
C 不透明的东西挡住火光所发生的影子,如眼里发出的光与外物的光两两④遇合在光滑的平面上所造成的印象——这种印象和眼睛寻常直接对面看东西时所感觉者相反⑤。

------

　　①　指直分。
　　②　各有两部,共成四部。
　　③　各余一部,共余两部。
　　④　此处康复尔德本和周厄提、娄卜二本不同(娄卜本较胜于周厄提本)。娄卜和周厄提二本认为是一物的光和另一物的光相遇合,不如康复尔德之说有根据。康复尔德引柏拉图的《蒂迈欧》43C1,45B 等节相比以证其说,并画图解释(见《柏拉图的知识论》第 329 页),甚精审。故本译文参采其说。
　　⑤　此节补翁本译得一塌糊涂。

泰　这两种是上帝的创造品:原物及其各自相随的物像。

客　咱们人的技术呢？咱们不是以建筑术造房子,以画工画另一所房子,好比给清醒的人构成一个梦吗?

泰　满对。　　　　　　　　　　　　　　　　　　　　D

客　其他一切我们的创造品也同样两两成对:原物,造物术所造的;物像,造像术所造的。

泰　此刻我懂得比较清楚了。我承认有两类各分为二的生产术:按一个分法,其一是神的,其二是人的;按另一个分法,其一是原物的,其二是像原物的。

客　我们要记住,"假"若是真地以假存在着,而且本是"存在" E之一,那么,造像术就有肖像的和幻象的两种。

泰　是这样。

客　这一点已经弄明白了,现在不是无疑地可以根据这一点,把造像术算作两类吗?

泰　是可以。

客　咱们再分幻象术为二。　　　　　　　　　　　267

泰　怎么分?

客　其一是用工具的,其二是创造者以本身为工具的。

泰　怎么讲?

客　如有人把自己的声音体态学成像你的,我想,这种幻象术最好叫作模仿术。

泰　是的。

客　咱们就把这一部分归于模仿术一名之下。偷懒些,其余的不管了,留给别人去汇成一起,取个适当名称。　　　　　B

泰　就这样归类的归类、放下的放下吧。

客　泰阿泰德，模仿术也是有二，还值得考究一下。看看其所以然吧。

泰　说吧。

客　有的模仿者知道了所模仿的而模仿，有的不然。除了知与不知以外，还有什么更大的分界？

泰　没有了。

客　方才所说的模仿不是出于知的吗？因为，仿你的人需要了解你和你的体态。

C　泰　可不是。

客　公义，或者统括一句，品德的全部形态，是什么样子？不是有好多人，一方面不知，一方面臆度，极力设法在言语行动上模仿自己所认为美德的，使其表现于自己身上吗？

泰　多极了。

客　个个求似义人，其实丝毫也不义，他们岂不全失败了，岂不适得其反？

泰　全是适得其反。

D　客　那么，我想必须认清，这一流模仿者异于那一流的，就是，有知识和无知识的要分清。

泰　对的。

客　如何给他们各取一个适当的名称呢？显然这是难事，因为前人似乎懒怠成习，对于分类立别欠考究，就没有人在这方面尝试过；于是名称缺乏是必然的结果。然而为分别起见，不妨把逞臆

E　的模仿叫作模仿，用知的模仿叫作知仿——虽然显得大胆些。

泰　就这样吧。

客　我们必须用模仿一名,因为智术之师不是知者之流,是效者之流。

泰　很对。

客　咱们把这位模仿专家检查一下,像检查一块铁,看它是坚固的呢,或者中间尚有拼痕。

泰　咱们检查吧。

客　实在他们有很大的裂痕。他们之中有的头脑简单,把自 268
己所臆的认为知。另外一班,经过了辩论的磨炼,便怀着许多猜忌
与恐慌,唯恐一向在他人面前所装作知的,其实是不知。

泰　你所说的两种都存在。

客　我们是否把其一叫作简单的模仿者,其二叫作装作的模仿者?

泰　这无论如何是妥当的。

客　我们说装作的只是一类,或者有两类?

泰　你看看吧。

客　我正看着。我发现有两类:一类是能在大庭广众中,用长 B
篇大论装作的,一类是在私人场合以只言片语逼使对谈者自相矛盾的。

泰　你说得对极了。

客　这位发表长篇大论的,我们说他是什么人? 是政客呢,还
是说士?

泰　说士。

客　其他那个叫作什么? 智者呢,或者智术之师?

　　泰　当然不能叫作智者，因为我们已经把他列入无知之流。
C 然而，他是模仿智者的，显然可以取个与"智者"同一字源的名
称①。我已经看得很清楚，他应当叫作一位真正不含糊的智术之师。

　　客　我们要不要像以前那样，把他的名号从头到尾联成一串？

　　泰　一定要的。

　　客　生产术之属人而不属神的，属人者的造像部分，造像部分
D 的幻象部分，幻象部分的模仿部分，模仿部分的装作部分，装作部
分的致矛盾部分，只在言语上耍把戏的，就是智术之师：——如有
人说他的世系血统是这样下来的，似乎说得再对没有了②。

　　泰　再对没有了。

---

　　① 所谓与"智者"同一字源的名称，即 σοφιστικός 或 σοφιστής（"智术之师"）；"智
者"原文是 σοφός。此三字希腊文的前三个字母是相同的字或字根。

　　希腊文中有几个字须要解释一下：（一）σοφίζω——谓字：教导；（二）σοφία——名
字：所教的，引申为智；（三）σοφός, σοφιστικός——状字：原来意义无别，以后第二字用以
代表假智慧，便与第一字用途不同，而第一字也变成专指真智慧了；（四）φιλοσοφία——
名字：智慧的嗜好，引申为爱智之学，即哲学；（五）φιλόσοφος——状字：爱智，引申而成
名字：爱智者，即哲学家。σοφός——智者、φιλόσοφος——爱智者，同是哲学家。哲学家
是真正的智者，即为智慧而求智慧的（这是苏格拉底、柏拉图、师弟子们传统的错误看
法）。智术之师是假智者，是吃智慧的、贩卖智慧的、以智慧为职业的，——这流人是苏
格拉底和柏拉图所最轻视的。

　　② 此节原文次序颠倒错乱，直译不可解，故从全篇前后文的意思找出次序来，译
成这样：——意思一依原文，不增不减。周厄提和娄卜二本按此节原文的次序译，不好
懂；补翁和康复尔德二本按应有的次序译，明了得多。可参阅康复尔德的表解。

人名索引及注释*

A

阿登密士（῎Αρτεμις 或 ῎Αρταμις，Artemis）：149B。

——希腊神话人物，相当于罗马神话中的 Diana。宙斯和拉托那（Latona）的女儿。狩猎女神，兼管分娩等事。

埃勒德拉（Ἠλέκτρα，Electra）：193C。

——希腊传说人物，克吕泰墨斯特拉（Κλυταιμνήστρα，Clytaemnestra）的女儿。在她父亲阿伽曼侬（Ἀγαμέμνων，Agamemnon）坟头发现一束头发，又在坟地周围看到和自己相仿的脚印，由此推断她的哥哥奥瑞斯忒斯（Ὀρέστης，Orestes）报杀父之仇来了。（见埃斯库罗斯：《奠酒人》，第 205 行）柏拉图把她验证脚印比喻为人们以心版印象检验视官知觉。

阿弗洛地提士（Ἀφροδίτη，Aphrodita）：243。

——希腊神话人物，恋爱和丰收的女神。希腊哲学家恩培多克勒认为“爱”和“恨”是世界变化的原因。“阿弗洛地提士的影响”即指前一种力量所产生的影响。

阿历士太底士（Ἀριστείδης，Aristeides）：151。

——吕信麻恪士的儿子。苏格拉底的学生。通译阿立斯泰提。

安非图吕翁（Ἀμφιτρύων，Amphitryon）：175B。

——希腊神话人物，Alcaeus 和 Hipponome 的儿子，Alcmaene 的丈夫。提任斯国王。

安台恶士（Ἀνταῖος，Antaeus）：169B。

——希腊神话人物，Libya 的巨人，海神 Poseidon 和地神 Gē 的儿子。海拉克类士在安台恶士要重新着地，从他的母亲地神那里汲取力量之前，把他举起来掐死了。通常译作安泰。

安提西尼（Ἀντισθένης，Antisthenes，约公元前 435—前 370）：201E。

——希腊哲学家，昔尼克（犬儒）学派创立者，苏格拉底的学生。一说他是苏格拉底的“梦”说的提出者。

* 这是本馆编辑部编制的。索引条目后所标页码为本书边码，即通行的斯特方边码。

B

巴门尼德(潘门匿底士＊)(Παρμενίδης，Parmenides，公元前 6 世纪末至前 5 世纪)：152E；主张万有混一 180E，少年苏格拉底见～183E，217C；216；引言 237；241D；242；整体像均匀的圆球 244E；258C。
　　——希腊哲学家，埃利亚人。

D

德奥多罗(提坞多洛士)(Θεόδωρος，Theodorus，生于公元前 460)：143；《泰阿泰德》各处。
　　——居勒尼几何学家。柏拉图和泰阿泰德的老师。
德谟克利特(Δημόκριτος，Democritus，公元前 460—前 370)：246。
　　——希腊哲学家，原子论创立者之一，留基伯(Λεύκιππος，Leucippus)的学生。

E

恩培多克勒(恩魄铎克类士)(Ἐμπεδοκλῆς，Empedocles，约公元前 490—前 430)：152E，242D，245E。
　　——希腊自然科学家、医生，唯物主义哲学家。

F

费雷居德(Φερεκύδης，Pherecydes，鼎盛年：

＊ 括弧内是又译，下同。它们原是译者所采用的。出现较多的，为了与通译的一致，改用现名。但考虑到它们是根据希腊文直接译出的，更接近原音，特列出供参考。其他未改的，通译见各条末尾。

公元前 550)：242D。
　　——希腊哲学家，毕达戈拉(Πυθαγόρας，Pythagoras)的老师。
费纳类太士(Φαιναρέτη，Phaenarete)：149。
　　——雅典城 Alopece 区人，产婆，Sophroniscus 的妻子，苏格拉底的母亲。

H

哈利女神(αἱ χάριτες，Gratiae)：152C。
　　——希腊神话人物，三个女神——主温雅的欧佛洛绪涅、主快乐的塔利亚和主美丽的阿格莱亚(Euphrosyne，Thalia，Aglaie)的合称，都是宙斯和欧律诺墨的女儿，Aphrodite 的扈从。
海拉女神(Ἥρα，Hera)：154D。
　　——希腊神话人物，天后。黄金时代的克洛诺斯(Cronus)和瑞亚(Ῥέα，Rhea)的长女，宙斯的姊姊和妻子。掌管妇女和婚嫁。
海拉克类士(Ἡρακλέες，Ἡρακλῆς，Heracles)：169B，175。
　　——希腊神话人物，罗马称为海克力斯(Hercules)。宙斯和凡人阿尔克墨涅(Ἀλκμήνη)的儿子。以勇猛著称，建立过十二件功勋，被认为是斯巴达系英雄的代表。
荷马(候梅洛士)(Ὅμηρος，Homerus)：152E，153，153D，160D，170E，179E，183E，194C，216。
　　——希腊史诗作家。相传是《伊利亚特》(Ἰλιάς，Ilias)和《奥德赛》(Ὀδύσσεια，Odyssea)的作者。
赫拉克里特(海辣克垒托士)(Ἡράκλειτος，Heracleitus，约公元前 530—前 470)：变动说 152D；152E，160D，179C，179E，

242D、E,245E。

——希腊哲学家,辩证论者。

K

卡德摩斯(Καδμόs,Cadmus):247C。

——希腊神话人物,腓尼基国王阿革诺
耳('Αγήνωρ, Agenor)的儿子。忒
拜城的建邦者。

卡利亚士(Καλλίαs,Callias 约公元前 450—
前 370):165。

——希彭尼恪士的儿子,雅典贵族,以
奢侈著称。克塞诺封(Ξενοφῶν)的
《欢宴篇》(Symposium)和柏拉图
的《普罗塔哥拉》篇的对话地点都
是他的家。

L

吕信麻恪士(Λισίμαχοs,Lysimachus):151。

——雅典人,阿历士太底士的父亲。

M

买类托士(Μέλητοs,Meletus,公元前 5 世
纪人):210D。

——希腊悲剧诗人,据传诗句晦涩。和
阿泥图斯(Ἄνυτοs,Anytus,政治
家)李康(Lycon,修辞学家)等在公
元前 399 年控告苏格拉底。

穆萨(Μοῦσα,Musa)191D,242D。

——希腊神话人物,一般讲九位,是掌
管文艺的女神(Καλλιόπη, Εὐτέρπη,
Ἐρατώ, Μελπομένη, Θάλεια, Πολύ-
μνια, Τερψιχορή, Κλειώ, Οὐραία; Cal-
liope, Euterpe, Erato, Melpomene,
Thalia, Polyhymnia, Terpsichore,
Clio, Urania),分别掌管史诗、抒情
诗、爱情诗、悲剧、喜剧、赞美诗、舞

蹈、历史、天文。她们是阿波罗的
随从。通译缪斯。

O

欧蒂德谟(Εὐθύδημοs,Euthydemns):251C。

——相传是 Chois 地方的智术之师。年
纪稍大于苏格拉底。文中"年纪大
的"娄卜本《智术之师》的译者福勒
(Harold North Fowler)认为即指
他。柏拉图有一个对话以他命名。

欧概安诺士('Ωκεανόs,Oceanus):152E,
180D。

——希腊神话人物,环绕大地的一条河
流。天神 Uranus 和地神 Gē 的儿
子,太徐士的丈夫。希罗多德在
《历史》上说:"欧凯阿诺斯是周流
于全世界的"(第二卷第 21 节)。

欧吕克利士(Εὐρυκλῆs,Eurycles):252C。

——阿里斯托芬('Αριστοφάνηs, Aristo-
phanes)《马蜂》(Σφῆκεs,公元前 422
年)中一位腹语者。

欧力皮底士(Εὐριπίδηs,Euripides,公元前
480—前 406):154D。

——希腊悲剧诗人,有关的诗句出于《希
波吕托斯》('Ιππόλυτοs,Hippolytus)。
通译欧里庇得斯。

P

聘达洛士(Πίνδαροs,Pindarus 或 Pindar,公
元前 518—前 438):173E。

——希腊抒情诗人。通译品达。

波里底斯(Polydeucea):173E。

——聘达洛士曾把自己的诗篇献给他。
译者所引聘达洛士诗句中的"汝"
即指他。

普罗塔哥拉(普楼塔箇拉士)(Πρωταγόραs,
Protagoras,公元前 481—前 411):152,

马士（Thaumas）和埃勒德拉（Electra Oceanitis）的女儿（据赫西俄德）。负责给天后海拉女神传递消息，彩虹是她到人间的邮路，因此又是虹神。

伊辟哈儿莫士（'Eπίχαρμος, Epicharmus）：152E。

——希腊喜剧家。生于 Cos 岛，公元前485 去西西里。毕达哥拉的学生。

尤克累底士（Eὐκλείδης, Eucleides, 公元前450—前380）：142—143C。

——麦加拉人，苏格拉底的学生，麦加拉学派的创立者。通译欧几里得。

Z

芝诺（德任农）（Ζήνων, Zenon, 公元前 5 世纪中叶）：216。

——埃利亚派哲学家。

周厄提（Benjamin Jowett, 1817—1893）。

——英国资产阶级学者，古希腊著作翻译家，所译的《柏拉图对话》于 1871年出版。1953 年，周厄提著作版权托事部出版了第四版，对译文做了修饰，并删除了"分析"中某些主观见解和夹议的文字。本书译出了1892 年版第四卷（五卷本）中的"分析"，名为"提要"。

图书在版编目(CIP)数据

泰阿泰德 智术之师/(古希腊)柏拉图著;严群译. —
北京:商务印书馆,2021(2022.8 重印)
ISBN 978-7-100-19510-2

Ⅰ.①泰… Ⅱ.①柏… ②严… Ⅲ.①古希腊罗马
哲学 Ⅳ.①B502.232

中国版本图书馆 CIP 数据核字(2021)第 034578 号

泰阿泰德
智术之师
〔古希腊〕柏拉图 著
严群 译

商 务 印 书 馆 出 版
(北京王府井大街36号 邮政编码100710)
商 务 印 书 馆 发 行
北 京 冠 中 印 刷 厂 印 刷
ISBN 978-7-100-19510-2

2021 年 7 月第 1 版 开本 850×1168 1/32
2022 年 8 月北京第 2 次印刷 印张 7⅛
定价:35.00 元